VENTE F. GREPPE

ESTAMPES

ANCIENNES ET MODERNES

IMPRIMÉES EN NOIR ET EN COULEUR

MARS 1898

Mᵉ **MAURICE DELESTRE**	M. **A. DANLOS**
Commissaire-Priseur	Marchand d'Estampes
5, RUE SAINT-GEORGES, 5	15, QUAI VOLTAIRE, 15

CATALOGUE

DES

ESTAMPES

ANCIENNES ET MODERNES

PRINCIPALEMENT

DE L'ÉCOLE FRANÇAISE DU XVIIIe SIÈCLE

IMPRIMÉES EN NOIR ET EN COULEUR

**CARICATURES — COSTUMES — COURSES
CHASSES — PIÈCES SUR NAPOLÉON ET L'EMPIRE
ORNEMENTS — THÉATRE — DESSINS**

DONT LA VENTE AUX ENCHÈRES PUBLIQUES AURA LIEU

PAR SUITE DU DÉCÈS DE

M. F. GREPPE

Libraire à Paris

ET POUR CAUSE DE CESSATION DE COMMERCE

Hôtel des Commissaires-Priseurs, rue Drouot, 5

SALLE N° 10

Du Jeudi 10 au Samedi 12 Mars 1898

A DEUX HEURES TRÈS PRÉCISES

Par le Ministère de Me MAURICE DELESTRE, Commissaire-priseur

5, RUE SAINT-GEORGES, 5

Assisté de M. A. DANLOS, marchand d'estampes

15, QUAI VOLTAIRE, 15

CONDITIONS DE LA VENTE

Elle sera faite au comptant.

Les acquéreurs paieront cinq pour cent en sus des enchères, applicables aux frais.

M. A. Danlos, chargé de la direction de la vente, se réserve la faculté de diviser ou de rassembler les lots.

ORDRE DES VACATIONS

Jeudi 10 Mars. . . . . Numéros   1 à 234
Vendredi 11 Mars. . . . .   —   235 à 471
Samedi 12 Mars . . . .   —   472 à fin.

DÉSIGNATION

ALIX (P.-M.).

1. *Corday* (Marie-Anne-Charlotte). Très belle épreuve imprimée en couleur.

2. *Mirabeau* (Honoré-G^{el} de). — *Chalier.* Deux portraits in-fol. Très belles épreuves imprimées en couleur, la dernière pièce est avant la lettre.

3. *J.-J. Rousseau.* — *Mirabeau.* — *Bailly.* — *Chalier*, deux épreuves. Cinq portraits in-fol., de forme ovale. Très belles épreuves imprimées en couleur.

4. *Racine.* — *Bossuet.* — *Buffon.* — *Mably.* — *Raynal.* — *Dalembert.* — *Condillac*, etc. Neuf portraits in-fol., de forme ovale. Très belles épreuves imprimées en couleur. Le portrait de Racine est avant la lettre.

ALMANACHS.

5. Calendrier Royal pour 1689, dans la partie supérieure et de chaque côté, les effigies des monnaies ayant cours à cette époque. Pièce gravée sur bois.

6. Almanach allemand pour l'année 1689. — Almanach de cabinet pour l'année 1670. — Almanach pour l'an VIII.

— Représentation des douze signes du ciel qui sont au devant d'hotelleries. — Bas de thèse dédiée à Mademoiselle de Longueville. Cinq pièces.

7. Calendriers illustrés, de 1828 à 1850. Vingt pièces gravées et lithographiées.

ADRESSES. — LETTRES D'INVITATION. EX-LIBRIS.

8. *Joullain*, quay de la Mégisserie. A la ville de Rome, vend tableaux, dessins et estampes et les encadre proprement. Paris. Belle épreuve. Rare.

9. Au Buste de Monseigneur, *M. Seuin*, peint a l'huile a la détrempe, a la rue Dauphine vis à vis la rue d'Anjou a Paris. Jolie et rare adresse illustrée du Buste du Dauphin et du Portrait de Louis XIV. Très belle épreuve avec marge.

10. Marc Michel *Bousquet*, préparateur de pièces anatomiques. Très belle et rare épreuve d'une jolie petite pièce très bien gravée.

11. A la Teste Noire... *Larcher et Cie*, marchands papetiers. — A l'Image Sainte Genevieve, *Robert*... vend toutes sortes de papiers, etc. — *De Hansy*, libraire à Paris, etc. Cinq adresses illustrées. Belles épreuves.

12. *Pearson et Galignani's*, libraires à Londres. Très jolie pièce, gravée par J.-P. Simon. Très rare.

13. *Johan Adam Klein*, célèbre aquafortiste allemand, jolie adresse gravée par l'artiste lui-même, 1816. — *Chrétien de Mechel*, graveur en taille douce et marchand d'estampes à Basles. Deux pièces. Très belles épreuves. Rares.

14. *Thomas Lauth*, société d'agriculture à Turin. — *Sir John Frederick Bar*, etc. Six adresses étrangères. Belles épreuves.

15. *Dron,* peintre. — *Guion,* maître-vitrier. — *Depeuille,* encadreur et M⁽ᵈ⁾ d'estampes. — *Carte de visite* de Mᵐᵉ Ferrera, née Bernero, etc. Sept adresses illustrées. Belles épreuves.

16. En-tête d'une adresse de physicien au XVIIIᵉ siècle? Très belle épreuve d'une jolie petite pièce imprimée en couleur.

17. *Cécile Géry et Cⁱᵉ,* fabrique de dorures à Lyon. — *Daudet et Joubert,* M⁽ᵈ⁾ d'estampes à Lyon. — *Jaillard,* à Lyon, fabrique de traits lamés et filés d'or et d'argent. — *Delamare et Cⁱᵉ,* fabrique de dorures fines, à Lyon. — *Vital et fils,* négociants et commissionnaires à Calais. — *Melon et Cⁱᵉ,* libraires à Bordeaux, etc. Huit adresses illustrées, datant pour la plupart du commencement de ce siècle.

18. *Chéron,* M⁽ᵈ⁾ papetier. — *Coiffier,* M⁽ᵈ⁾ papetier. — *Darbo,* tabletier. — *Varlot,* négᵗ en vins. — Mᵐᵉ *Carrere,* peintre. — *Regnault,* jardinier fleuriste du Roi et de Mᵐᵉ la Dauphine, etc. Neuf adresses illustrées datant du commencement de ce siècle.

19. *Akermann Jⁿᵉ,* éditeur d'estampes sur le sport, à Londres. — *Herring et Remington,* éditeurs d'estampes et libraires à Londres. — *Morin,* peintre doreur. — *Casaubon,* fabrique de fleurs et de plumes. — *Leroy et fils,* horlogers du Roi. — *Detouche,* horloger-bijoutier, etc. Dix-huit adresses datant de la première moitié de ce siècle.

20. Billet d'invitation à un concert donné à Florence. Joli et intéressant billet, illustré d'une vignette représentant un concert d'amateurs. Belle épreuve.

21. Billet d'invitation au bal donné à l'occasion du mariage de Victor-Emmanuel, duc d'Aoste, avec Marie-Thérèse, archiduchesse d'Autriche, en l'année 1789. Gravé par Porporati. Très belle épreuve avec marge. Rare.

22. Billets de la Société Philarmonique de la ville de Lille. Deux jolies pièces anonymes.

23. En-tête du billet de mariage de Chodowiecki? — Billet de mariage gravé par Legrand d'après Aveline. Deux pièces, la dernière est imprimée en bleu.

24. Billet d'admission pour la représentation donnée au bénéfice de *M. Giardini*. — Billet pour la représentation donnée au bénéfice de *M. Salputro*. — Billet de *Cipriani*. Trois très jolies pièces, gravées par Bartolozzi et autres artistes.

25. Insecte sorti des reins d'une Dame par l'effet des Eaux de Pouhon. Jolie réclame illustrée, gravée par Scotin l'aîné. Rare.

26. Encadrement orné de chaque côté de personnages personnifiant la Comédie française; en haut les armes Royales. Belle épreuve.

27. Encadrements ornés. Huit pièces in-4. Très belles épreuves avant les inscriptions.

28. Encadrements pour adresses et ex-libris du xviiie siècle. — Très belles épreuves avant les inscriptions.

29. Billets d'invitation. — Dédicaces. — Titres et frontispices. Vingt-huit pièces du xviiie siècle. Belles épreuves.

30. En-têtes de lettres. Dix pièces de l'époque de la Révolution et de l'Empire.

31. Congés militaires. — Passeports. — Lettres de décès, etc. Vingt-quatre pièces de l'époque de la Révolution et de l'Empire.

32. Encadrements pour adresses. — En-têtes de lettres, etc. Vingt-cinq pièces anciennes et modernes.

33. Factures. — Adresses. — Réclames. Trente-deux pièces anciennes et modernes, non illustrées.

AMÉRIQUE (Pièces sur l').

34. Portrait de Washington et de B. de Clugny. — En-tête de la carte d'Amérique. — Pièces extraites du voyage de Lapérouse d'après J.-M. Moreau, etc. Dix-huit pièces. Très belles épreuves avant et avec la lettre.

AUBERT (D'après C.).

35. Le Dessin, par Cl. Duflos. Belle épreuve avec marge.

BALÉCHOU (J.-J.).

36. Aved (Madame), d'après Aved. In-fol. Très belle épreuve avec marge.

37. Aved (la sœur de Mme), tenant un rouet sur ses genoux, d'après Aved. In-fol. Très belle épreuve avec marge.

BALLONS (Pièces sur les).

38. Description de la machine aérostatique (Marie-Antoinette), enlevée en présence de la famille Royale et du comte d'Aga le 23 juin 1784. Publié à Paris chez les Campions frères. Très belle épreuve en couleur. Marge.

39. *The opening of new London bridge, by their most gracious Majesties William the 4th et Queen Adelaide.* Pièce intéressante publiée à Londres par R. Havell. Très belle épreuve coloriée. **Toute marge.**

40. « Catastrophe du Mercure moderne ou on ne volle pas toujours », pièce satirique sur la mésaventure aérostatique arrivée à l'Abbé Miolan et au graveur Janinet. Belle épreuve coloriée.

41. Globe aérostatique de MM^s Charles et Robert au moment de leur départ du Jardin des Thuileries le 1er Décembre 1783. — Descente dans la prairie de Nesles. Quatre pièces différentes sur le même sujet publiées à Paris chez Esnauts et Rapilly et chez Basset. Épreuves coloriées.

— 8 —

42. La quatorzième expérience aérostatique de M. Blanchard. — Entrée de M. Blanchard et du Chevalier Lépinard... dans la ville de Lille le 26 août 1785. Deux pièces faisant pendants, gravées par Helman, d'après L. Watteau. Très belles épreuves avec marges.

43. Portrait de Montgolfier. — Albert et Gaston Tissandier. — Expériences faites à Versailles et à Paris en 1783, 1784 et 1785, etc. Quinze pièces.

44. Fête du 14 juillet an IX : Vue du Temple élevé dans le grand carré des Champs-Élysées dans lequel le concert fut exécuté; a Paris chez Basset. Très belle épreuve en couleur.

45. A *New-pantomine Harlequine*, pièce satirique sur Fox, publiée à Londres en 1784. — Entrée de Sa Majesté Louis XVIII à Paris, passant sur le Pont Neuf, le 3 Mai 1814. Deux pièces. Belles épreuves, la dernière est coloriée.

46. Passage du Roi sur le Pont Neuf, lors de son entrée à Paris le 3 Mai 1814 (au moment où Mme Blanchard s'élève en ballon). Grande et intéressante pièce en largeur, gravée à l'aqua-tinte par Pringer, d'après Melling. Très belle épreuve, très soigneusement coloriée et rehaussée d'or. Encadrée.

47. Vue de l'enlèvement du Globe aérostatique parti des Jardins de Mme la C^{sse} d'Albon à Franconville le 16 janvier 1784. — La quatorzième expérience aérostatique de M. Blanchard, faite à Lille le 17 août 1785. Ascension du Ballon le Napoléon le 24 août 1852, etc. Huit pièces.

BARBIERS (D'après P.).

48. Salle de concert dans l'édifice de la Société Félix Méritis à Amsterdam, gravé par Van der Meer et R. Vinkeles. Très belle épreuve avant toutes lettres d'une pièce intéressante pour les costumes. Coloriée.

BARTOLOZZI (F.).

49. Son Portrait gravé par Bouillard — *Georges Augustus Elliot, Lord Heathfield*, gouverneur de Gibraltar. Deux portraits in-fol. Très belles épreuves.

50. *His Royal Highness Prince William Henry*. Gravé à la manière du lavis, d'après B. West. In-fol. Très belle épreuve.

51. La Sagesse. — La Volupté. Deux pièces gravées d'après Cipriani. Très belles épreuves. Marges.

52. Les Arts libéraux. — L'Été. Deux grandes compositions allégoriques, gravées d'après B. West. Très belles épreuves avant la lettre.

BAUDOUIN (D'après P.-A.).

53. L'Amour à l'épreuve, par Beauvarlet (E. B. 5). Très belle épreuve avant le changement.

54. Le Catéchisme, par Moitte (12). Très belle épreuve avec marge.

55. L'Épouse indiscrète. — La Sentinelle en défaut. Deux pièces, faisant pendants, gravées par N. de Launay (21 et 48). Bonnes épreuves.

56. Le Poète Anacréon, par N. de Launay (38). Très rare épreuve à l'état d'eau-forte.

57. La même Estampe. Superbe et rare épreuve avant les inscriptions sur la tablette. Grande marge.

58. La Rencontre dangereuse, par Le Beau (40). Très belle épreuve avec marge.

59. *Sa taille est ravissante*, par Le Beau (43). Superbe épreuve.

60. Les soins tardifs, par N. de Launay (45). Très belle épreuve.

BENAZECH (D'après C.).

61. Le Braconnier. Rare épreuve à l'état d'eau-forte.

BÉRANGER (Illustrations pour les œuvres de).

62. Cinq différents portraits gravés et lithographies de Béranger. — Illustrations pour ses œuvres, vingt-deux pièces lithographiées d'après Numa. Ensemble vingt-sept pièces coloriées.

BERGER (D'après).

63. Les Saisons. Suite de quatre pièces en hauteur, gravées par Chasteau, 1742. Très belles épreuves avec de grandes marges.

BERNARD.

64. *Madame Dugason*, 1788, en buste, vue de profil, en imitation de dessin à la plume. Très belle épreuve, la figure et la poitrine légèrement teintées de couleur. Marge.

BOILLY (D'après L.-L.).

65. L'Amant poete, par Levilly. Très belle épreuve en couleur.

66. Ça ira, par Mathias. Superbe épreuve avant toutes lettres. Grande marge.

67. La Douce Résistance. — L'Évanouissement. Deux pièces gravées par Tresca. Belles épreuves coloriées.

68. La Jardinière. — Ah comme il y viendra.. Deux pièces gravées, par Tresca et Clavarau. Très belles épreuves en couleur.

69. Réunion d'artistes, vingt-cinq portraits sur la même feuille, par A. Clément. Belle épreuve, accompagnée du trait explicatif donnant les noms des personnages.

70. Le jeu de l'écarté. — Le jeu de tonneau. — Le jeu de billard. — Le Cabaret. Quatre lithographies imprimées chez Villain. Belles épreuves coloriées.

71. Réjouissance publique, 1826, lithographie imprimée chez Villain. Belle épreuve coloriée.

BOILLY, PIGALLE ET AUTRES (D'après).

72. Les Grimaces. — Ce qu'on dit, ce qu'on pense. — Médailles ou contrastes. Quarante-cinq pièces. Très belles épreuves coloriées.

BOITES (Dessus de).

73. Sujets badins. Cinq petites pièces de forme ronde. Belles épreuves avec marges.

74. La Vue. — L'Odorat. — Gagne-Petit. — Flore et l'Amour, etc. Vingt petites pièces de formes ovale et carrée. Très belles épreuves.

75. La Sultane au bain. — Conversation amoureuse. — Tel maître tel valet. — Le Badinage innocent, etc. Vingt pièces. Très belles épreuves.

BOIZOT (D'après).

76. Le Génie de la Sculpture. — Le Génie de la Musique. Trois pièces gravées par Ride. Très belles épreuves, avant et avec la lettre, imprimées en bistre et en couleur.

BONNET (L.-M.).

77. Portrait de Mademoiselle C. Vanloo, d'après C. Vanloo, gravé à l'imitation de pastel. Deux épreuves tirées sur papier bleu, dont l'une, très belle, est avant la lettre.

BONNET (A Paris chez).

78. L'Accord heureux. Jolie petite pièce, de forme ovale, imprimée en couleur. Très belle épreuve. Rare.

BOREL (D'après).

79. Le Bourgeois maltraité, par J. B. Morret. Très belle épreuve imprimée en couleur. Sans marge.

BOSIO (D'après).

80. Ah! beaucoup nous critiquent! mais peu vous imitent, par J. Marchand. Très belle épreuve imprimée en couleur. Très rare en cet état.

BOUCHER (D'après F.).

81. Le Départ du Courrier. — L'Arrivée du Courrier. Deux pièces, faisant pendants, gravées par Beauvarlet. Superbes et rares épreuves avant toutes lettres.

82. L'Amour prie Vénus de lui rendre ses armes, gravé aux trois crayons par L. Bonnet. Belle épreuve tirée sur papier bleu. Remargée.

83. La Chasse au tigre, par J.-J. Flipart. Deux épreuves, dont l'une, très rare, est à l'état d'eau-forte.

84. Danaé, par Beauvarlet. Très rare épreuve à l'état d'eau-forte.

85. Le Goûter de l'Automne. — Les Sabots. Deux pièces gravées par R. Gaillard. Très belles épreuves avec marges.

86. Le Mariage de Psyché et de l'Amour, gravé par Beauvarlet. Très belle épreuve avant toutes lettres.

87. La Toilette de Vénus. — Le Goûter de l'Automne. — Le Tribut de la reconnaissance. — La Poésie pastorale, etc. Six pièces, imprimées en noir et à la sanguine, gravées par Cl. Duflos, R. Gaillard et autres artistes. Très belles épreuves.

88. Vénus entrant au bain, par Michel. Très belle épreuve avec une grande marge.

89. La Voluptueuse, par Polienith. Très belle épreuve.

90. Les Saisons, personnifiées par des amours. Suite de quatre pièces gravées par Cl. Duflos. Très belles épreuves avec marges.

91. La même suite. Très belles épreuves.

92. Études d'amours. Neuf pièces, gravées par Huquier, Aveline et Daullé. Belles épreuves.

93. Triomphe de Pomone. — Rocaille. — Léda. Trois arabesques en hauteur, gravées par Cochin et Duflos. Très belles épreuves.

94. Cartouches. — Arabesques avec motifs chinois. Six pièces, gravées par Huquier et Beauvais. Très belles épreuves.

95. Cartouche pour titre de livre. — Les Bacchantes endormies, gravées en réduction. — Le Soir. — Le Petit Souffleur. Quatre pièces, gravées par Duflos, Hemery et Petit. Très belles épreuves.

96. Pastorales. — Études d'amours. — Sujets mythologiques. — Paysages. Vingt-quatre pièces, gravées à la manière du crayon, par Demarteau et Bonnet. Belles épreuves, imprimées à la sanguine.

BRACQUEMOND (F.).

97. Meyer Heine, chef émailleur à la Manufacture de Sèvres, très rare épreuve à l'état d'eau-forte. — Vanneaux et Sarcelles, épreuve avant la lettre. — Frontispice du troisième volume de la Société des Aquafortistes. — Portrait d'homme. Quatre pièces. Très belles épreuves.

CANOT (D'après F.-O.).

98. Le Gâteau des Roys. — Le Souhait de la bonne année au Grand-Papa. Deux pièces, faisant pendants, gravées par J.-Th. Lebas. Très belles épreuves, avec de grandes marges.

CARESME (D'après J.-Ph.).

99. Les Plaisirs champêtres. — La Danse champêtre. Deux pièces faisant pendants, gravées par Wossinik. Très belles épreuves imprimées en couleur. Marges.

100. La Culbute imprévue, par J.-B.-Moret. Très belle épreuve imprimée en couleur. Grande marge.

CARICATURES.

101. Caricatures parisiennes. — Variétés du jour. — Les Travestissements pour 1828. — Les Amours de 1832. — Rébus, etc. Trente-six pièces coloriées.

CARRÉE.

102. Vue perspective de la Fontaine des Innocents. Très belle épreuve imprimée en couleur.

CATHELIN (L.-J.).

103. *Terray* (J.-M.), Ministre d'État, d'après Roslin le Suédois. In-fol. Superbe épreuve avant toutes lettres. Marge.

CHALLE (D'après M.-A.).

104. La Prière de Paul. — La Mort de Virginie. Deux pièces gravées par Descourtis. Superbes épreuves avant la lettre, imprimées en couleur.

104. Le Ruisseau traversé. Les Cerises. Deux pièces faisant pendants. Très belles épreuves avant toutes lettres, coloriées.

CHAPLIN et LALAUZE.

106. Rose de mai. — Pêcheuse. — Deux pièces. Épreuves de remarque sur japon.

CHARDIN (D'après J.-B.-Siméon).

107. Le Château de cartes, par Lépicié. (E. B. 11.) Superbe épreuve avec toute sa marge.

108. La Gouvernante, par Lépicié (24). Très belle épreuve avec une très grande marge.

109. Le Jeune Soldat, par C.-N. Cochin (30). Superbe épreuve avec toute sa marge. Rare.

110. La Petite Fille aux cerises, par C.-N. Cochin (43). Superbe épreuve avec toute sa marge. Rare.

111. Le Bénédicité. — Le Château de cartes. — Le Dessinateur. — Le Souffleur, etc. Huit pièces gravées, la plupart en réductions. Belles épreuves.

CHARLET (N.-N.).

112. Suite de dessins à la plume à l'usage des écoles spéciales des Ponts et Chaussées de Metz, d'État-Major, Polytecnique, militaires et autres... 1839. (La C. 1000-1056).
Suite complète de cinquante-deux planches dont nous ne possédons que cinquante-et-une (manque la pl. 33); a cette suite se trouvent ajoutées les deux pièces suivantes qui sont très rares : Premières idées des numéros 27 et 30 de la suite et trois croquis qui, ayant été condamnés par le maître, ont été tirés à un très petit nombre d'exemplaires (n°s 1037, 1038 et 1040). Ensemble cinquante-six pièces.
Superbes et rares épreuves du 1er tirage; elles sont sur papier de Chine et le titre est avant l'adresse de Gihaut.

CHEREAU (I.).

113. *Colbert* (Ch. Joachim), Évêque de Montpellier, d'après I. Raoux. In-fol. Superbe épreuve avant la lettre. Rare.

CHEVAU (D'après).

114. La Protestation d'amour d'Abélard à Eloïse, par Mixelle. Très belle épreuve imprimée en couleur.

CHODOWIECKI.

115. Allégorie à la gloire de Frédéric-le-Grand, dessin pour éventail. Très belle épreuve non découpée.

CIVIL.

116. Comparaison du bouton de rose. Jolie petite pièce gravée à la manière du lavis. Très belle épreuve imprimée en bistre.

COCHIN (Par et d'après C.-N.).

117. Frontispice de la carte de la ville de Reims, par Massard. Très belle et rare épreuve à l'état d'eau-forte et avant divers changements.

118. Concours pour le prix de l'étude des têtes et de l'expression, par J.-J. Flipart. (La jeune femme servant de modèle est Mlle Clairon.) Très belle épreuve avec marge.

119. Avènement de Louis XV à la couronne après la mort de Louis XIV. — La Régence du Royaume déférée à Mgr le duc d'Orléans. — Entrée de Louis XV à Paris. — L'application du Régent aux affaires. — Progrès des études du Roi. Cinq pièces tirées de l'Histoire de Louis XV par médailles. Rares épreuves à l'état d'eau-forte.

120. Pompe funèbre de la Reine de Sardaigne, célébrée à l'Église Notre Dame de Paris le 22 septembre 1741 Très rare épreuve à l'état d'eau-forte.

COCLERS (D'après L.).

121. *Aspetare*, par Claessens. Très belle épreuve avec le titre tracé à la pointe en petites capitales grises. Grande marge.

COLLYER (J.).

122. *Fitzheber* (Mistris), gravé en août 1791, au pointillé. Très belle et rare épreuve avant toutes lettres, non entièrement terminée.

123. *Sir Joseph Banks Bar*. Très joli portrait, in-8, finement gravé au pointillé d'après J. Russel. Très belle épreuve en couleur. Rare.

COIFFURES. — COSTUMES. — MODES.

124. *Les sens*. Suite de cinq pièces in-fol., époque Louis XIII, publiées par Daret. Très belles épreuves. Rares.

125. *Monsieur*, frère de Louis XIV. — *Madame*, sa femme. Deux pièces, par J.-D. de Saint-Jean. Très belles épreuves.

126. *Modes de 1714-1726 et 1730*. Six pièces dessinées par Ch. Coypel. Très belles épreuves, dont l'une est avant les inscriptions, deux pièces sont doubles.

127. *Costumes de diverses époques*. Quarante pièces par et d'après Hollar, A. Bosse, de Gheyn et autres artistes.

128. *Le Triomphe de la coquetterie*. Très belle épreuve coloriée.

129. *Costumes et coiffures*. Vingt-six pièces in-8, tirées la plupart de l'ouvrage de Duhamel.

130. *Costumes du Directoire et de l'Empire*. Dix-neuf pièces in-4, très intéressantes, publiées chez Chereau, Basset et Mme Jean. Belles épreuves coloriées. Rares.

131. *Costumes suisses et d'autres pays*. Quatre-vingt-quinze pièces en noir et en couleur.

132. *Les Cris de Paris ou les petites industries de la Rue* en 1816, par Marlet? Vingt-sept dessins à la mine de plomb, auxquels on a ajouté onze pièces coloriées, gravées d'après ces dessins.

133. Costume des départements de la Seine-Inférieure, du Calvados, de la Manche et de l'Orne. — Costumes Parisiens. — Costume de divers pays. Cinquante pièces gravées par Gatine, d'après Lanté et Pêcheux. Très belles épreuves coloriées.

134. Costumes. — Travestissements. Cent pièces lithographiées, la plupart par Devéria et Grévedon. Très belles épreuves, soixante-quinze sont coloriées.

135. Costumes. — Coiffures. — Caricatures. Dix pièces coloriées.

136. Costumes. — Modes de femmes sous le Second Empire. Quatre-vingt-huit dessins lavés d'aquarelle, ayant servi de modèles à un grand couturier.

COSTUMES MILITAIRES.

137. Costumes militaires, seize petites pièces de forme ovale, gravées par H. Ulrich, 1599. Très belles épreuves. Rares.

138. Les Manœuvres anglaises, suite complète de huit pièces. — *Military incidents*, six pièces. Ensemble quatorze pièces coloriées, gravées et lithographiées.

139. Costumes militaires étrangers. Quarante-deux pièces in-8 et in-fol gravées. La plupart par Levachez, Alix et Jazet. Épreuves coloriées.

140. Costumes Russes. — Costumes Égyptiens. Dix-huit pièces imprimées en couleur.

141. Les Archiducs d'Autriche. Suite complète de sept portraits équestres, lithographiés par Kohler, d'après D. Monten. Épreuves coloriées.

142. Costumes militaires étrangers. Soixante-dix anciennes lithographies, éditées la plupart chez Maggi à Turin et chez Hermann à Munich. Épreuves coloriées.

143. Costumes des armées Russes, — Autrichiennes, — Bavaroises, — Allemandes et Suisses. Quatre-vingt-onze pièces publiées à Mainz, chez J. Scholz. Épreuves coloriées.

144. Types militaires. — Garde impériale et armée de ligne sous le second empire. Quarante-six pièces lithographiées par Lalaisse. Épreuves coloriées.

145. Costumes des armées étrangères. Cent quarante lithographies coloriées.

146. Costumes militaires. — Caricatures. — Combats. Deux cents pièces gravées et lithographiées. Épreuves en noir et coloriées.

147. Costumes. — Combats. Dix-huit croquis à la plume et à la mine de plomb.

COURTIN (D'après J.).

148. L'Amour Médecin. — L'Amant complaisant. — Jeux d'enfants. Quatre pièces gravées par Mathey et Aubert. Très belles épreuves, la dernière pièce est à l'état d'eau-forte.

DAVESNES (D'après).

149. Les Prunes. Très rare épreuve à l'état d'eau-forte.

DEBUCOURT (L.-Ph.).

150. La Bénédiction paternelle ou le Départ de la Mariée. Belle épreuve sans marge.

151. Le Joueur de Cornemuse, d'après C. Vernet. Superbe épreuve en couleur. Toute marge.

152. Les Aveugles, d'après C. Vernet. Superbe épreuve en couleur. Toute marge.

153. La même estampe. Belle épreuve en couleur.

154. Retour des champs, d'après C. Vernet. Superbe épreuve en couleur. Toute marge.

155. Inutile Précaution, d'après C. Vernet. Belle épreuve en couleur; elle est rognée du côté gauche.

156. La Marchande de saucisses. — La Marchande de coco. Deux pièces, d'après C. Vernet. Très belles épreuves en couleur.

157. Passez-payez. — Le Coup de vent. — Promenade anglaise. — Le Jour de barbe d'un charbonnier. — Le Marchand de peaux de lapins. Cinq pièces, d'après C. Vernet. Bonnes épreuves, en couleur, des réimpressions.

158. Promenade dans la Galerie du Palais-Royal. Épreuve en couleur et sur papier du Japon de la reproduction.

DELANGE (C.).

159. Faïences italiennes. Quatre-vingt-onze pièces en noir.

DEMARNE (D'après).

160. La Promenade du matin. — La Promenade du soir. Deux grandes pièces, en largeur et faisant pendants, gravées par Morret. Superbes épreuves imprimées en couleur. Grandes marges.

DENON (Le baron VIVANT).

161. Voltaire et ses amis : l'abbé Mauri, d'Alembert, Condorcet, etc. Deux épreuves, dont l'une, très belle, est avant la lettre.

DENY (A Paris, chez).

162. Le Maréchal des logis. — La Jeune Villageoise rendue à ses parents. Deux pièces faisant pendants. Belles épreuves coloriées.

163. Le Départ pour la chasse. — Le Rendez-vous de chasse. — L'Hommage accepté. Trois pièces. Très belles épreuves coloriées. Grandes marges.

DESCOURTIS (C.-M.).

164. Départ de l'enfant prodigue. — Retour de l'enfant prodigue. Deux pièces, faisant pendants, gravées d'après Taunay et Wiky. Très belles épreuves imprimées en couleur.

DESSINS.

165. **Béricourt.** Le Carnaval à Paris vers 1785. Deux dessins lavés d'aquarelle.

166. **Béricourt.** La Guinguette. — Les Acrobates, scènes de mœurs prises à Paris en 1812. Deux dessins lavés d'aquarelle.

167. **Boitard.** Bacchanales. Deux jolis dessins à la plume, en forme de frise, signés et datés 1714.

168. **Caresmes.** Bacchanale. Dessin lavé de couleur.

169. **Denon (Vivant).** Portraits satiriques. — Costumes. — Scène du Mariage de Figaro, etc. Quinze croquis à la plume.

170. **Écoles allemande et flamande.** Douze dessins anciens.

171. **École flamande.** Quinze dessins anciens.

172. **École française (XVIIe siècle).** Portrait de Claude Herissant. Au crayon noir.

173. Une cavalcade à la campagne. Curieuse gouache, époque Louis XIV, ayant été montée en éventail.

174. Dame de qualité à sa toilette. — Dame de qualité en grande toilette. Deux dessins coloriés, intéressants pour les costumes; ils ont été découpés et rapportés sur une feuille de papier.

175. Scène de ballet. Charmant dessin à la mine de plomb. A été gravé.

176. Pastorale. Gouache.

— 22 —

177. Arbre généalogique et héraldique de l'Auguste et Royale Maison de Bourbon. Dressé et exécuté en 1783, par I. B. S. B. Henry du Rosnel. Très grand tableau héraldique très finement exécuté à la gouache, les armoiries rehaussées d'or. En dessous des armoiries une sommaire légende explicative.

178. Projet d'un monument, style Louis XVI. Très grand dessin, au lavis de bistre, en cinq feuilles assemblées.

179. Une société élégante réunie dans un parc, sur le premier plan un jardinier ratissant une pelouse. A la plume.

180. **École française (XVIIIe siècle).** Les Petits Pieds. — La Vendange. — Sujets de l'histoire ancienne. Sept dessins gouachés.

181. Portraits. — Costumes de théâtre. Dix-sept dessins et croquis au crayon noir, à la sépia et à la sanguine.

182. Vignettes. — Études d'amours. — Sujets mythologiques. — La Petite Fille au chien. Douze dessins et croquis à la sépia et à la sanguine.

183. **École française (XIXe siècle).** Portraits de Boilly. — Sujets mythologiques. Neuf dessins à la sépia, par Chasselat, Roehn et autres artistes.

184. Sujet mythologique. — Éruption du Vésuve. Deux gouaches pour éventails.

185. Acrobates. — Petits Métiers de Paris vers 1820. Cinquante-deux curieux petits dessins au lavis de bistre réunis sur trois feuilles.

186. Sujets militaires.—Sujets de genre.—Paysages.—Marines. Quarante dessins à l'aquarelle, sépia et mine de plomb.

187. Quarante dessins anciens et modernes.

188. Paysages. — Marines. — Sujets de genre. Dix-sept études peintes sur toile et sur papier huilé.

189. **École italienne.** Dix-huit dessins anciens.

190. Quinze dessins anciens.

191. Dix dessins anciens.

192. Dix-huit dessins anciens.

193. Douze dessins anciens.

194. **Huet (J.-B.)**? Buste de jeune fille. A la sanguine.

195. **Morin (Ed.)**. La Prise de Malakoff. — Scènes d'Intérieur. Vues, etc. Douze dessins et esquisses à la mine de plomb, au crayon noir et à l'aquarelle.

196. **Ornements.** Console et trépied. — Coupe d'un Palais. Deux jolis dessins à la sépia.

197. Décorations intérieures. — Frises. — Détails d'ornementation. Douze dessins à la plume et à la sépia.

198. Palais italiens. Façades, plans et coupes. Dix-neuf dessins au lavis d'encre de Chine.

DREVET (Les).

199. *J. Forest.* — *Cl. Le Pelletier.* — *Al. Milon.* — Cardinal de Noailles. — *Isaac de Verthamont.* Cinq portraits in-fol. Très belles épreuves.

DREVET ET EDELINCK.

200. *Robert de Cotte.* — Cardinal *Dubois.* — *Delamet.* — *Ant. Arnauld.* — *Philippe de Champagne.* — *Ch. d'Hozier*, etc. Neuf portraits in-fol. Belles épreuves.

DROUAIS (D'après F.-H.).

201. Les Petits Savoyards (les Enfants du Roi de Sardaigne), par Mélini. Très belle épreuve.

DUGOURE (D'après).

202. Sœur Alix, pour les contes de La Fontaine, trois pièces, dont deux en hauteur et une plus grande en largeur. Très belles épreuves en couleur. Rares.

203. Roxelane, par Le Beau. Très belle épreuve avec marge.

204. Trait de bienfaisance (de la reine Marie-Antoinette), par A.-F. David. Très belle épreuve.

DUPLESSIS-BERTEAUX (D'après F.).

205. La Marchande de marrons. Très belle épreuve avant toutes lettres.

DUTAILLY (D'après).

206. Le Papayer de Virginie. — Le Sommet du Pouce. — Le Rocher des adieux. — Le Portrait donné. Quatre petites pièces, de forme ronde, gravées par Guyot, tirées à deux sur la feuille. Superbes et rares épreuves imprimées en couleur. Grandes marges.

ÉCOLE ALLEMANDE.

207. Histoire d'Amon et Thamar. — Titus Manlius. — La Charité. — Vie de la Vierge. — La Fontaine de Jouvence. — Le Rhinocéros. Quinze pièces gravées par Aldegrever, A. Durer et Th. de Bry. Bonnes épreuves.

ÉCOLE ANGLAISE.

208. *Sophronia.* — *Cécilia Everard.* Deux très jolies pièces, de forme ovale, gravées au pointillé et faisant pendants. Très belles et rares épreuves en couleur, avec le titre seul sans aucune autre lettre. Grandes marges.

209. *Employment.* — La Danse. — Nature. Trois pièces gravées à la manière noire, d'après Longhi et Hondecoter. Belles épreuves.

210. *Lady Campbell.* — *Relicta Lovely.* — *Diana and nymph.* — *Friendschip.* — *The World.* — *The golden age*, etc. Neuf pièces. Très belles épreuves en noir et en couleur.

211. Combat d'un lion et d'un tigre, grande estampe en largeur gravée à la manière noire. Très belle et rare épreuve avant toutes lettres. Marge.

212. *Guillaume*, comte de *Portland.* — *Henry Bilson Legge.* — *Charles Brown.* — *Thomas Burnet.* — *Charles Wager*, etc. Sept portraits pet. in-fol., gravés à la manière noire. Très belles épreuves.

213. *Charles Ier.* — *Henri Clarke.* — *Thomas Birch.* — *Edmund Dunch.* — *William Beckford*, etc. Sept portraits, pet. in-fol., gravés à la manière noire, par Faber. Très belles épreuves.

214. *Philadelphie* et *Elisabeth Whartons.* — *Jane*, fille d'*Arthur Goodwin.* — *Lord Camdem.* — *Charles Fox*, etc. Six portraits in-fol., la plupart en pied, gravés par Gunst et Ravenet. Belles épreuves.

215. Adieux de Charles Ier à sa famille, 3 épreuves. — Cromwell dissout le Parlement. — Tentative d'assassinat sur le roi, 1781. Cinq pièces, la dernière est gravée par Pollard, d'après Smith. Très belles épreuves en noir et en couleur.

216. *Margaret Paten.* — *Anne*, princesse d'Orange. — Le Rajah de Mysoor, etc. Neuf pièces gravées à la manière noire. Très belles épreuves.

217. Bataille de la Boyne. — Portraits. — Caricatures. — Sujets de genre. Vingt-cinq pièces anciennes et modernes. Belles épreuves.

ÉCOLE FRANÇAISE (XVIIe SIÈCLE).

218. Vingt-cinq pièces par Callot, A. Bosse, L. Gaultier, Et. Delaulne, etc. Belles épreuves.

ÉCOLE FRANÇAISE (XVIIIe SIÈCLE).

219. L'Amour et la Richesse récompensant le travail et la sagesse : l'Amour vient offrir la fortune à une jeune fille assise et brodant près de sa table à ouvrage.
Charmante petite composition allégorique de forme ovale, dont la bordure est entourée d'une guirlande formée de fleurs et de feuillages entrelacés.
Superbe épreuve tirée en bistre, la bordure et la guirlande en couleur, elle est imprimée sur satin blanc. Excessivement rare.

220. Le Doyen des Peintres. — Le Chanteur de cantiques. — Pompe funèbre de Marie-Thérèse d'Espagne. — La Joie publique, etc. Six pièces par et d'après Guélard et Cochin. Très belles épreuves.

221. Jeux d'enfants. Dix-huit petits dessins de boutons de forme ronde, tirés à six sur la feuille. Trois pièces. Très belles épreuves imprimées en couleur. Rares.

222. *The hue paternal care*. Très belle épreuve, imprimée en couleur. Rare.

223. La Rêveuse. Très belle et rare épreuve imprimée en bistre, d'une jolie petit pièce, de forme ovale, gravée au pointillé. Grande marge.

224. Le Bain. — La Bonne Mère. — Sujets mythologiques. Quatres pièces gravées d'après Le Barbier, Eisen et autres artistes. Très belles épreuves avant la lettre et à l'état d'eau-forte.

225. Le Loup dans la bergerie. — Paillardise des Carmes. Deux pièces. Très belles épreuves, dont l'une est avant toutes lettres.

226. La Vue. Petite pièce grivoise de forme ovale. Belle épreuve en couleur.

227. La Soubrette confidente. — Le Coup de vent. — Le Berger constant. — Jeux d'enfants. Quatre pièces gravées d'après Lawreince, Moreau, de Troy et Coypel. Belles épreuves coloriées.

228. Convention de Mariage. — Le Mari trompé. — La Jeune Villageoise rendue à ses parents. Trois pièces publiées chez Lebeau et Deny. Très belles épreuves coloriées.

229. Le Tartare et la Chambrière. — Cécilia et Delville. — Joconde. — La Belle Persanne, etc. Sept pièces d'après Huet, Cipriani et autres artistes. Très belles épreuves en couleur et en bistre.

230. Le Vieillard aveugle. — La Morale paternelle oubliée. — Le Sculpteur. — Le Musicien. — Vénus aux colombes, etc. Huit pièces gravées par et d'après Eisen, Demarteau et autres artistes. Belles épreuves, à la sanguine, en bistre et coloriées.

231. Héloïse et Abellard. — Le Mariage conclu. — Le Mariage rompu. — L'Innocence inspire la tendresse. — Les Grâces enchaînées par l'Amour, etc. Sept pièces d'après Borel, Le Prince et Mallet. Très belles épreuves, quelques-unes sont avant la lettre.

232. Encadrements. — Titres de livres. — Cartouches. Sept pièces gravées par Choffard et autres. Tres belles épreuves, quelques-unes sont à l'état d'eau-forte.

233. Histoire de Paul et de Virginie. — La Confidence. — La Sultane. — Le Maître de guitare. — Le Galant Jardinier, etc. Douze pièces, gravées d'après Vanloo, Watteau et Schenau. Très belles épreuves.

234. Pastorales. — Sujets mythologiques. — Études de têtes et d'amours. — Paysages. — Études d'animaux. Trente-deux pièces gravées à la manière du crayon par Demarteau, Bonnet et autres artistes. Belles épreuves imprimées à la sanguine, quelques-unes sur papier bleu.

235. Bacchanale. — Le Danger de l'amour. — Le Triomphe de Silène. — Titon et l'Aurore. — Le Jeu des échecs, etc. Dix pièces gravées d'après Hallé, Saint-Quentin, Vlenghels et autres artistes. Très belles épreuves.

236. Le Bénédicité. — Les Chiens de Mme de Pompadour. — L'Épouse indiscrète. — L'Heureuse Esclave. — L'Exemple des mères, etc. Dix-sept pièces gravées d'après Baudouin, Duplessis-Bertaux et Jeaurat. Belles épreuves.

237. Le Coucher. — La Madeleine. — Herminie chez les bergers. — La Lecture espagnole. — Borée et Orythie, etc. Neuf pièces gravées d'après Vanloo, Le Brun et Vincent. Très belles épreuves.

238. Illustrations pour Paul et Virginie. — Apollon instruisant les Bergers. — Les Couseuses. — Le Riche a besoin du pauvre. — Le Vacarme dans l'école, etc., vingt pièces. Belles épreuves coloriées.

239. Trente-six pièces gravées d'après les tableaux, la plupart des Écoles flamandes et hollandaises, qui faisaient partie des galeries du comte de Brulh et de M. Boyer d'Aiguilles. Très belles épreuves.

240. Quarante pièces, principalement d'après les maîtres de l'École française. Belles épreuves.

241. La Danse. — La Pudeur alarmée. — La Pudeur en défaut. — Personne ne me voit. — Le Roman. Cinq pièces par Touzé et Leroy. Très belles épreuves en couleur.

242. Jupiter et Antiope. — Vénus et Adonis. — La Rose et l'Épine. — Le Tasse lisant son poème à la duchesse de Ferrare. — Diane et Endymion. — Paysages. — Marines, etc. Quinze pièces à l'état d'eau-forte, gravées pour la plupart par Pillement.

243. Réception de Sa Majesté Louis XVIII à l'Hôtel de Ville de Paris, par le corps municipal le 29 août 1814. — Arrivée de S. A. R. le Duc de Bordeaux à Chambord, lithographie d'Isabey, 1821. Deux pièces coloriées.

244. Dessins d'abats-jour. — Portraits du Duc de Berry; — du Roi Louis-Philippe, etc. Vingt-deux lithographies coloriées, datant la plupart du commencement de ce siècle.

245. Quarante-deux pièces gravées à l'eau-forte par Delatre, Ch. Jacques, M. Lalanne, Mongin et autres artistes. Très belles épreuves, la plupart sont en épreuves d'état.

246. Le Matin. — La Foire de village. — La Noce de Village. — Les Amours de la sœur Ursule, etc. Six petites pièces de formes ronde et carrée. Épreuves en couleur des reproductions.

ÉCOLE ITALIENNE.

247. Tarquin et Lucrèce. — Les Muses et les Pierrides. — La Déesse Flore dans un jardin. — Portrait de Charles V, etc. Cinq pièces gravées par Enœas Vico, Bonasone et N. de la Casa. Très belles épreuves.

248. Quarante-cinq pièces d'après les maîtres des Écoles flamande, hollandaise et italienne. Anciennes épreuves.

EDELINCK (G.).

249. *M. Vanden-Bogaert.* — Duc de *Bourgogne.* — *M. Le Tellier.* — *P. de Lionne.* — *Ch. Le Brun.* — *Ch. Parent*, etc. Neuf portraits in-fol. Belles épreuves.

ELLIARTS-HONDIUS.

250. *Spinola* (Ambroise), célèbre général Espagnol. — *Ferdinand*, Empereur d'Allemagne. Deux portraits in-fol. Très belles épreuves.

FABER.

251. Portrait d'une Dame lisant, assise devant son bureau. Gravé à la manière noire. Très belle épreuve avant la lettre, une déchirure à gauche.

FALK (J.).

252. La Vieille Coquette. Très belle épreuve. Tachée.

FORSTER ET A. LOUIS.

253. *His Royal highness Prince Albert. — Her most gracious Majesty the queen.* Deux portraits in-fol., gravés en 1846 d'après Winterhalter. Très belles épreuves.

FORTIER.

254. Le n° 113, au Palais-Royal. Belle épreuve coloriée d'une intéressante petite pièce gravée à l'eau-forte. Grande marge.

FRAGONARD (H.).

255. L'Armoire. Pièce capitale, gravée à l'eau-forte par le Maître (P. de B. 2). Très belle et rare épreuve avant toutes lettres.

FRAGONARD (D'après H.).

256. L'Armoire. Petite pièce en largeur, très bien gravée à la manière du lavis. Très belle épreuve tirée en bistre. Sans marges.

256 bis. — La même composition, avec de nombreux changements : elle est en hauteur, la mère de la jeune fille est supprimée et le jeune paysan, surpris dans l'armoire, est devenu un hussard. Gravée à la manière du lavis. Très belle et très rare épreuve imprimée en couleur, avec quelques retouches. Sans marge.

257. Les Beignets, par N. de Launay. Superbe épreuve avant toutes lettres. Très rare.

258. La même Estampe. Très belle épreuve avant les inscriptions sur la tablette.

259. L'Éducation fait tout, par N. de Launay. Très belle et très rare épreuve avant toutes lettres et avant les armes; elle est dans un état d'eau-forte assez avancé.

260. La Gayeté de Silene, par N. de Launay. Très belle et rare épreuve avant toutes lettres et avant les armes, dans un état d'eau-forte assez avancé. Grande marge.

261. La même Estampe. Superbe épreuve avant les inscriptions sur la tablette. Toute marge.

262. La Culbute, gravé à la manière du lavis par Charpentier. Belle épreuve.

263. La Danse de l'Ours. — L'Invocation à l'Amour. Deux pièces gravées à l'eau-forte, la première par Saint Non. Très belles épreuves.

264. Encadrement entouré d'une guirlande de fleurs, pour l'estampe intitulée : l'Occasion favorable? gravé par Halbou? Très rare épreuve à l'état d'eau-forte.

265. La Fontaine d'amour. — Le Songe d'amour. Deux pièces, faisant pendants, gravées par N.-F. Regnault. Très belles épreuves avant les dédicaces. Marges.

266. L'Instant désiré. — Le Baiser amoureux. Deux pièces faisant pendants. Très belles épreuves avec marges.

267. La Mère de famille, par A. Romanet. Deux épreuves, dont l'une très belle, mais tachée, est avant la lettre.

268. Le Muletier, pour les Contes de La Fontaine, édition en 2 vol. in-4 de P. Didot, l'aîné. Très rare épreuve à l'état d'eau-forte. Grande marge.

269. Le Serment d'amour, par Mathieu. Très rare épreuve à l'état d'eau-forte pure; elle est sans marges et un peu rognée dans la partie inférieure de l'estampe.

FRAGONARD et BOREL (D'après).

270. J'y passerai. — La Cachette découverte. — Les Plaisirs interrompus, deux épreuves, dont l'une est à l'état d'eau-forte. — La Curiosité. Ensemble six pièces gra-gravées par R. de Launay et autres artistes. Belles épreuves.

FREUDEBERG (D'après S.).

271. Les Confidences, par C.-L. Lingée. Très belle épreuve avec toute sa marge.

272. L'Événement au bal, par Ingouf junior. Très belle épreuve avec toute sa marge.

273. L'Occupation, par Lingée. Très belle épreuve avec toute sa marge.

274. La Visite inattendue, par Voyez l'aîné. Très belle épreuve avec toute sa marge.

275. La Félicité villageoise, par N. de Launay. Très belle épreuve avant les inscriptions sur la tablette.

276. La même Estampe. Très belle épreuve avec une grande marge.

FUSLEY (D'après H.).

277. *The night mare*, par Laurede. Très belle épreuve en couleur. Marge.

GAULTIER (Léonard).

278. *Bayard. — Henri IV. — Duc de Joyeuse. — Prince de Condé. — Henry de Gondy*, etc. Douze portraits in-8. Belles épreuves.

GEIGER (A.).

279. La Comtesse *Auguste de Bellegarde*, née Berlichingen. Gravé à la maniere noire à Vienne, en 1796, d'après H.-F. Fugger. In-fol. Très belle épreuve.

GÉRARD (Mlle M.).

280. L'Enfant et le Bouledogue. (P. de B. 2.) Très belle épreuve avec une grande marge.

GÉRARD (D'après Mlle).

281. La Leçon. — La Nourrice chérie. Deux pièces, faisant pendants, gravées par H. Gérard. Très belles épreuves en couleur.

GILLOT (C.).

282. Feste de Diane. — Feste de Bacchus. — Feste du dieu Pan. — Feste de Faune. Suite de quatre pièces. Très belles épreuves avec marges.

GREEN (V.).

283. *Le Maitre* (Mistriss), gravé à la manière noire en 1771, d'après E.-F. Calze. In-fol. Superbe épreuve avant toutes lettres.

GREEN et EARLOM.

284. La Visitation. — Agar et Ismael. Deux pièces gravées à la manière noire d'après Vanderwerf et le Corrège. Très belles épreuves.

GREUZE (D'après J.-B.).

285. La Cruche cassée, par Massard. Très belle épreuve dans un état d'eau-forte assez avancé. Excessivement rare.

286. La même Estampe. Bonne épreuve.

287. La Privation sensible, par Simonet. Superbe épreuve avant la dédicace. Toute marge.

288. La même Estampe. Très belle épreuve.

289. La pelotonneuse, par L. Cars. Superbe épreuve avant toutes lettres. Rare.

290. Le Retour de nourrice, par Hubert. Superbe et rare épreuve avant toutes lettres. Marge.

291. La Tricoteuse endormie, par Cl. Donat Jardinier. Très rare épreuve à l'état d'eau-forte.

292. L'Accordée de village, par J.-J. Flippart. Très belle épreuve signée des artistes.

293. Le Gâteau des Rois, par F. Flipart. Très rare épreuve à l'état d'eau-forte.

294. La Malédiction paternelle, par Gaillard. Très belle épreuve avant toutes lettres, signée des artistes.

295. La Mère sévère, par Devisse. Très belle épreuve avant toutes lettres.

296. Le Paralytique servi par ses enfants, par J.-J. Flipart. Superbe et rare épreuve avant toutes lettres.

297. Le Paralytique servi par ses enfants. — La Femme colère. — Le Fils puni, etc. Quatre pièces gravées par Flipart et Gaillard. Belles épreuves signées des artistes.

298. Le Gâteau des Rois. — La Dame bienfaisante. Deux pièces gravées en réduction. Très belles épreuves avant toutes lettres.

GREUZE et AUBRY (D'après).

299. Les Sevreuses. — L'Écosseuse de poix. — Exemple d'humanité. — Les Amans curieux. Quatre pièces gravées par Ingouf, Le Bas et Levasseur. Belles épreuves.

— 35 —

300. La Cruche cassée. — La Vertu chancelante. — Le Préjugé de l'Enfance. — L'Invocation de l'Amour, etc. Cinq pièces gravées par Massard, Charpentier et Macret. Belles épreuves.

301. La petite Mère. — Étude pour la Dame bienfaisante. — Costumes d'Italie. Huit pièces gravées par Moitte, Massard et autres artistes.

GUINET.

302. Histoire de Paul et de Virginie. Suite de quatre pièces gravées par Petit. Très belles épreuves avant la lettre.

GUYOT? (L.).

303. La Récréation. Jolie petite pièce, de forme ovale, imprimée en couleur sur satin. Très belle épreuve.

GWIN (J.).

304. L'Amour peignant le portrait de Georges III. (Frontispice de la collection Boydell.) Très belle épreuve.

INCROYABLES (Pièces sur les).

305. La Rencontre des Incroyables, gravé par Ruotte, d'après Bunbury. Très belle épreuve imprimée en couleur.

306. Ce que j'étois, ce que je suis, ce que je devrois être. Belle épreuve coloriée.

307. Madame Angot. — Les Croyables au Péron. — La Rencontre des Incroyables. — Aristide et Brise-scellé. — Ah! qu'il est donc drôle, etc. Neuf pièces gravées par divers artistes, d'après C. Vernet et Boilly. Belles épreuves.

JACQUEMARD. — COMTE LEPIC ET AUTRES.

308. L'Amateur d'Estampes d'après Meissonier. — La Charité. — Portrait de Carpeaux, trois épreuves en différents états. — Fragment du tableau de Munkaczy : Le Dernier Jour d'un condamné. Sept pièces. Très belles épreuves d'artiste ou de remarque.

CH. JACQUES ET DELATRE.

309. Eaux-fortes et pointes sèches. Trente pièces. Très belles épreuves.

JANINET ET AUTRES.

310. *Henri IV.* — *Crillon.* — *Cervantes.* — *Fénelon.* — *Adrienne Lecouvreur.* Cinq portraits in-fol. et in-4. Très belles épreuves imprimées en couleur.

JEUX (Pièces sur les).

311. Les Dictons du jeu de dominos. Suite de sept frises, imprimées sur deux planches ; elles sont intéressantes comme costumes de l'époque de la Restauration. Très belles épreuves coloriées.

312. Le Jeu de la Chouette. — Le Jeu de l'amour et l'hyménée. — Le Jeu des fortifications ou de la guerre. — Le Jeu du Nouveau Testament. — Le Jeu du Chemin de la croix, etc. Six pièces coloriées, gravées et lithographiées ayant la disposition adoptée du jeu de l'oye.

HAMILTON (D'après W.).

313. *Children playing with a bird.* — *Children feeding Ducks.* Deux petites pièces, de forme ovale et faisant pendants, gravées au pointillé. Très belles épreuves en couleur, la première pièce est avant l'adresse et a une grande marge.

HERVIER (A.).

314. Les Barques de pêche. Rare épreuve, sur chine, avant toutes lettres. — Canot de pêche au sec. Deux pièces.

HISTORIQUES (Pièces).

315. L'Assemblée des trois États tenus à Orléans, 1561. — La rencontre des deux armées Françoises entre Cognac et Chateauneuf. — La rencontre des deux armées à La Roche, etc. Quatre pièces gravées sur bois et sur fer, par Tortorel et Périssin. Très belles épreuves.

316. Entrée du Duc d'Anjou dans la ville d'Anvers, 1582. — Assassinat de Henri IV. — Prise de Maestrich. — Louis XIV recevant les échevins de la ville de Paris, etc. Sept pièces gravées par Hogenberg, Jollain et Chauveau. Très belles épreuves.

317. Pièce allégorique sur les victoires remportées par Maurice de Nassau. — Triomphe de l'amiral Tromp. — Mariage du Prince de Nassau, avec la Princesse Caroline d'Orange, 1760, etc. Quatre pièces gravées par Saenredam, R. de Hooghe et Fokke. Très belles épreuves.

318. Bataille navale de Gibraltar, 1607, gagnée par l'amiral Hollandais Jacob Hemskerck. — Guillaume de Nassau, prince d'Orange, accordant une amnistie générale aux partisans du roi Jacques II. Deux pièces gravées par R. de Hooghe. Très belles épreuves.

319. Illuminations de la rue de la Ferronerie. — Inauguration de la place Louis-XV. — Pompe funèbre de Marie-Thérèse d'Espagne, Dauphine de France, 1746. — Vue perspective de la décoration et du feu d'artifice tiré à l'Hôtel de Ville de Paris le 21 janvier 1782, etc. Six pièces par et d'après Cochin et Nicolle. Très belles épreuves avant et avec la lettre.

HUBERT ET JAZET (D'après A.).

320. Le Rendez-vous de la forêt. — La Galanterie villageoise. — La Vie champêtre. — Le Vol découvert. Quatre pièces gravées par Levachez et Jazet. Très belles épreuves en couleur.

HUET (D'après J.-B.).

321. *The Sump* (Le Saut), par Bonnet. Très belle épreuve imprimée en couleur. Grande marge.

HUQUIER.

322. *Oppenord* (Gilles-Marie), célèbre architecte, d'après lui-même. In-fol. Très belle épreuve.

323. Encadrement du Portrait précédent ; le médaillon où se trouve le portrait et le cartouche placé au-dessous sont blancs. Deux épreuves avec des titres manuscrits. Grandes marges.

JOURNAUX ILLUSTRÉS.

324. La Lune. Cinquante-quatre numéros allant sans interruption, du 6 janvier 1867 au 17 janvier 1868. — L'Éclipse, journal continuant le précédent, ce dernier ayant été supprimé. Quatre cents numéros allant sans interruption (moins deux numéros), du 26 janvier 1868 au 25 juin 1876. Ensemble quatre cent soixante-quatorze numéros illustrés chacun avec beaucoup de talent et d'humour, par Gill, d'un portrait-charge des célébrités contemporaines.

325. La Lune Rousse. Cent-cinquante-neuf numéros, illustrés également chacun d'un portrait-charge par Gill, et allant sans interruption du 17 décembre 1876 au 26 décembre 1879.

326. Le Grelot. Cent quatre-vingt-treize numéros, illustrés chacun d'un portrait-charge par Alfred Le Petit, allant sans interruption du 7 avril 1872 au 19 décembre 1875.

LA FONTAINE (Illustrations pour ses Contes).

327. Suite de trente-six grandes pièces en largeur, très rare à trouver aussi complète et dont la désignation suit ·

BOUCHER (D'après F.).

La Courtisane amoureuse, par de Larmessin. Très belle épreuve avant l'adresse de Buldet. Toute marge.

Le Calendrier des vieillards, par de Larmessin. Très belle épreuve avant l'adresse de Buldet. Toute marge.

EISEN (D'après Ch.).

Le Gageure des trois commères, par Tardieu.

Promettre c'est un et tenir c'est un autre, par Legrand. Trois épreuves en différents états : avant la lettre, non entièrement terminée, avant la lettre, les noms des artistes à la pointe, et avec la lettre.

LANCRET (D'après N.).

A Femme avare, galant escroc.

Les Deux amis.

Le Faucon.

Le Gascon puni.

Nicaise, deux épreuves, dont l'une, de la plus grande rareté, est avant toutes lettres et non entièrement terminée, les figures des deux personnages ne sont qu'indiquées.

On ne s'avise jamais de tout.

Les Oyes de Frère Philippe.

Le Petit Chien qui secoue de l'argent et des pierreries.

Les Rémois.

La Servante justifiée.

Les onze pièces précédentes, gravées par de Larmessin, toutes très belles sont avant l'adresse de Buldet, et ont, moins l'épreuve avant la lettre de Nicaise, toutes leurs marges.

LAURIN (D'après).

L'Anneau de Hans Carvel, par Aveline. Très belle épreuve. Toute marge.

La Chose impossible, par Sornique. Très belle épreuve.

LE CLERC (D'après).

Le Faiseur d'oreilles et le raccommodeur de moules, par de Larmessin. Très belle épreuve. Toute marge.

Le Rossignol, gravé par Legrand avec quelques changements de l'estampe de De Larmessin.

LE MESLE (D'après).

Le Cuvier, par Fillœul. Très belle épreuve. Toute marge.

La Clochette, par Fillœul. Très belle épreuve. Toute marge.

PATER (D'après J.-B.).

Les Aveux indiscrets, par Fillœul. Très belle épreuve. Toute marge.

Le Baiser donné, par Fillœul.

Le Baiser rendu, par Fillœul.

Le Cocu battu et content, par Fillœul.

La Courtisane amoureuse, par Fillœul. Épreuve avec l'adresse de Fillœul.

Le Savetier.

La Matrone d'Éphèse, par Fillœul.

VLEUGHELS (D'après).

Le Bast, par de Larmessin. Très belle épreuve avant l'adresse de Buldet.

La même composition, gravée avec quelques changements, par Legrand. Très belle épreuve. Toute marge.

Frère Luce, par de Larmessin. Très belle épreuve avant l'adresse de Buldet.

La même composition, gravée avec quelques changements par Legrand sous le titre de : la Tentation de Saint Antoine.

La Jument du compère Pierre, par de Larmessin. Très belle épreuve avant l'adresse de Buldet. Grande marge.

Le Villageois qui cherche son veau. Très belle épreuve [avant l'adresse de Buldet. Toute marge.

328. Le Calendrier des Vieillards, gravé par de Larmessin d'après F. Boucher. Superbe épreuve avant l'adresse de Buldet. Toute marge.

329. Le Faucon, gravé par N. de Larmessin, d'après N. Lancret. Très belle épreuve avant l'adresse de Buldet. Toute marge.

330. Le Gascon puni, par de Larmessin, d'après Lancret. Superbe épreuve avant l'adresse de Buldet. Toute marge.

331. Le Gascon puni, gravé par Lindor de Toulouse, d'après Schall. Très belle épreuve avec marge. Rare.

332. La Matrone d'Éphèse, gravée par Desplaces, d'après Ch. Coypel. Très belle épreuve avec une grande marge.

333. On ne s'avise jamais de tout, gravé par de Larmessin d'après Lancret. Très belle épreuve avant l'adresse de Buldet. Toute marge.

334. La Servante justifiée, gravée par de Larmessin, d'après Lancret. Très belle épreuve avant l'adresse de Buldet. Grande marge.

335. La Clochette. — Le Bast. — Le Faiseur d'oreilles et le raccommodeur de moules. Quatre pièces gravées par Fillœul et de Larmessin, d'après Le Mesle et Vleughels. Très belles épreuves.

336. La Courtisane amoureuse. — Le Savetier. — Frère Luce. — Nicaise. — Le Faucon. — Le Petit Chien, etc. Douze pièces gravées par Fillœul et de Larmessin, d'après Boucher, Pater et Lancret. Belles épreuves.

337. La Fiancée du roi de Garbe. — Le Gascon puni. — Le Paysan qui a offensé son seigneur, etc. Dix pièces gravées d'après Fragonard pour l'édition de Didot l'aîné. Très belles épreuves, deux sont avant la lettre.

338. Le Cuvier. — La Clochette — L'Oraison de saint Julien. Trois petites pièces grivoises, de forme ronde. Très belles épreuves avec marges. Rares.

LAGRENÉE (D'après J.-J.).

339. Euterpe, par Couet. Superbe épreuve avant toutes lettres, imprimée en couleur. Toute marge.

LAGRENÉE ET AUTRES.

340. Euterpe. — Polymnie et autres Muses. Six pièces. Très belles épreuves imprimées en bistre et en couleur, quatre sont avant la lettre.

LALIVE DE JULLY (A.-L. DE).

341. Recueil de caricatures dessinées par J. Sally et gravées par A.-L. de Lalive D. J. Quinze pièces. Très belles épreuves ayant toutes leurs marges.

LANCRET (D'après N.).

342. Le Colin-Maillard, par C. N. Cochin. Très belle et très rare épreuve à l'état d'eau-forte pure; toute marge. Très rare dans cette condition.

343. Titre du troisième livre des pièces de Clavecin composées par M. Dandrieu. — Le Moulin de Quinquengrogne. — Les gentilles Baigneuses. Trois pièces gravées par E. Cousinet et Moitte. Très belles épreuves, les deux dernières pièces ont de belles marges.

344. La Terre. — Le Feu, deux épreuves. — La Vieillesse. Quatre pièces gravées par C. N. Cochin, B. Audran et de Larmessin. Très belles épreuves avec marges.

LANDRY (A Paris chez).

345. Avis aux curieux que plusieurs tableaux sont à vendre. Grande pièce satirique sur la misère des artistes. Très belle épreuve.

LASINIO

346. La Mort de Lucrèce, d'après le tableau de L. Giordano. Très belle épreuve imprimée en couleur. Rare.

LAWREINCE (D'après N.).

347. Les Nymphes scrupuleuses, par Vidal (E. B. 42). Très belle et rare épreuve avant toutes lettres et avant la guirlande.

348. On y va deux, par Benossi (44). Épreuve tirée en bistre, la marge inférieure est rapportée.

349. Pauvre minet, que ne suis-je à ta place, par Janinet (47). Très curieuse épreuve imprimée seulement en bleu ; elle est très intéressante, en ce qu'elle nous fait connaître le procédé des graveurs en couleur du XVIIIe siècle : ils commençaient par superposer leurs couleurs et n'imprimaient qu'en dernier lieu la planche en noir donnant le contour et le modelé.

350. Valmont and Émilie, par Romain Girard (62). Très belle épreuve tirée en bistre, les nus légèrement teintés de couleur.

LE BARBIER (D'après).

351. Mort du Général Marceau. Grande pièce en largeur, gravée par Ingouf. Rare épreuve à l'état d'eau-forte. Grande marge.

LE BEAU ET CATHELIN

352. Mme L^{se} Marie de France. — Charles Em^l Prince de Piémont. — Mme A^{de} Clotilde de France, sa femme. — Comte d'Artois. — Comtesse d'Artois. Six portraits in-8 et in-4. Très belles épreuves.

LE BRETON (A Paris chez).

353. Le Matin. Petite pièce, de forme ovale, gravée au pointillé. Très belle épreuve en couleur.

LE CŒUR (A Paris chez).

354. Jupiter et Io. Petite pièce, de forme ovale. Très belle épreuve, imprimée en couleur. Marge.

LE PAON (D'après).

355. Revue de la Maison du Roi au Trou d'Enfer, par Le Bas. — Très belle épreuve avant la lettre.

LE PRINCE (D'après J.-B.).

356. La Diseuse de bonne aventure russienne. — Le Concert russien. Deux pièces, faisant pendants, gravées par Gaillard. Superbes épreuves avant toutes lettres. Rares.

357. Le Concert russien. — La Diseuse de bonne aventure russienne. — Le Joueur de balalaye. Trois pièces gravées par Gaillard et Henriquez. Très belles épreuves.

358. Le Bonheur du ménage, par N. de Launay. Belle épreuve avant les inscriptions dans la tablette, une déchirure dans la marge supérieure.

359. L'enfant chéri, par N. de Launay. Très belle épreuve.

LÉVEILLÉ (A.).

360. Jeune femme en buste dans un médaillon ovale. A Paris, chez Demarteau, n° 613. Très belle épreuve imprimée en couleur. Marge.

LEU (Th. de).

361. *François II.* — *Louise de Lorraine.* — *Marie de Médicis.* — *Connétable de Bourbon.* — *Montaigne*, etc. Dix portraits in-8. Belles épreuves.

LEVILLY (J.-P.).

362. Le Prélude. — Le Dénouement. Deux pièces faisant pendants. Très belles épreuves en couleur. Toutes marges.

LINGÉE (F.).

363. Paul et Virginie. — La Mort de Virginie. Deux petites pièces faisant pendants. Très belles épreuves tirées en bistre. Rares.

LOMBART (F.).

364. Portrait de Cromwell vu à mi-jambes et revêtu de son armure. In-fol. Très belle épreuve.

LOUIS XVI et MARIE-ANTOINETTE (Pièces sur).

365. *Louis XVI*, par Le Mire, in-8, deux portraits différents. Très belles épreuves, dont l'une est avant la lettre et non entièrement terminée.

366. *Louis XVI*, roi de France et de Navarre, en pied, revêtu de sa cuirasse. In-fol. Gravé par N.-J. Voyez l'aîné. Très belle épreuve avec marge.

367. *Marie-Antoinette*, Dauphine de France, gravé par Cathelin, d'après Fredou. In-fol. Très belle épreuve avant toutes lettres.

368. — *Marie-Antoinette* d'Autriche, sœur de l'Empereur, Reine de France, en buste et tournée de profil dans un

médaillon ovale. In-8. Jolie pièce gravée au pointillé par un anonyme. Très belle épreuve tirée en bistre, le visage et la poitrine légèrement teintés de couleur. Toute marge.

369. La même estampe. Très belle épreuve en noir. Toute marge.

370. *Marie-Antoinette*, Reine de France, vue de face et vue de profil. Deux portraits in-4, gravés par Dupin fils, d'après Vanloo. Très belles épreuves.

371. *Marie-Antoinette*, Reine de France, née à Vienne le 2 novembre 1755, en buste et vue de profil dans un petit médaillon rond. Jolie petite pièce gravée au pointillé. Très belle épreuve tirée en bistre. Grande marge.

372. *Louis-Auguste*, Dauphin de France. — *Marie-Antoinette*, Dauphine de France. Deux portraits in-8, publiés chez Esnauts et Rapilly. Très belles épreuves.

373. *Louis-Auguste*, Dauphin de France. — *Marie-Antoinette*, archiduchesse, Dauphine de France. Deux portraits in-8 faisant pendants, gravés par Hubert et Gaucher. Très belles épreuves. Toutes marges.

374. Les mêmes Estampes. Très belles épreuves. Remargées.

375. Allégorie sur l'alliance de Mgr le Dauphin avec l'archiduchesse Marie-Antoinette. — Avènement de Louis XVI et de Marie-Antoinette au trône de France, 10 mai 1774. Deux pièces allégoriques, gravées par L. Auvray et par Patas. Très belles épreuves.

376. *Louis XVI*, roi de France et de Navarre. — *Marie-Antoinette*, Reine de France. Deux portraits in-8, faisant pendants, gravés par Hubert et Voyez, d'après Vanloo. Très belles épreuves.

377. *Louis XVI*, roi de France. — *Marie-Antoinette* d'Autriche, Reine de France, représentés en pied, en grand costume

de cour. Deux portraits in-4, faisant pendants, gravés par Le Beau, d'après Le Clerc. Très belles épreuves avec toutes leurs marges.

378. *Louis XVI. — Marie-Antoinette.* Deux portraits in-fol., de forme ovale, gravés au pointillé et à la manière du lavis. Belles épreuves.

379. *Louis XVI* au Temple. — *La Reine* à la Conciergerie. Deux pièces in-fol., de forme ovale et faisant pendants, gravées au pointillé, par Keating, d'après Singleton et Mme la marquise de Bréhan. Superbes et rares épreuves avant la lettre. Grandes marges.

380. *Louis XVI. — Marie-Antoinette,* médaillons ronds, reposant sur des tablettes ayant forme de sarcophage, sur lesquelles sont représentés les adieux du Roi et de la Reine à leur famille. Deux pièces in-4, gravées au pointillé, et faisant pendants. Très belles épreuves avec marges.

381. *Marie-Antoinette,* à cheval, dirigée vers la gauche. — Marie-Antoinette. — Louis XVI. Trois curieux dessins à la plume.

382. *Louis XVI. — Marie-Antoinette.* Huit portraits différents, in-8. Très belles épreuves.

383. *Louis XVI,* le *Dauphin* et *Marie-Antoinette* en bustes, en imitation de pierres antiques. — Répétition des portraits précédents, médaillon circulaire fixé à une pyramide tronquée. Deux pièces gravées, par A. de Saint-Aubin. Très belles épreuves avant la lettre.

384. Portraits de *Louis XVI,* de *Marie-Antoinette* et des Princes et Princesses de la famille Royale. Vingt-quatre pièces in-4 et in-fol. Très belles épreuves.

385. *Louis XVII,* né à Versailles le 27 mars 1785. Grand portrait in-fol., presque grandeur nature, gravé au pointillé par Noel Bertrand et dessiné par Auguste Laby, d'après un portrait peint d'après nature. Très belle épreuve imprimée en couleur. Très rare.

MALLET (D'après J.-B.).

386. Saint-Preux ou les alarmes de l'amour, par Copia. Très belle épreuve.

387. La nouvelle intéressante, par J.-M. Mixelle. Très belle épreuve imprimée en couleur. Grande marge.

MARTINI (P.-A.).

388. Coup d'œil exact de l'arrangement des peintures au Salon du Louvre en 1785. — Exposition au Salon du Louvre en 1787. Deux pièces. Belles épreuves.

MASSON ET VAN-SCHUPPEN.

389. *Gaspard Charrier.* — Duc de *Chevreuse.* — *Forbin de Jeanson.* — *Michel Colbert.* — *Alexandre Natalis*, etc. Dix portraits in-fol. Belles épreuves.

MEISSONIER (D'après).

390. La Rixe, par P. Chenay. Très rare épreuve d'essai, signée de l'artiste, plus une épreuve à l'état d'eau-forte de la partie gauche de la planche. Deux pièces.

MINIATURES.

391. Le Christ sortant du tombeau. — La Sainte Trinité. Deux grandes et belles miniatures détachées d'un antiphonaire datant du commencement du xve siècle.

392. Lettres ornées. Douze miniatures rehaussées d'or, détachées d'un antiphonaire.

393. Lettres ornées. Trente miniatures de l'École italienne, d'une exécution remarquable.

394. Lettres ornées. — Portrait en pied de l'Empereur Charles V, etc. Vingt-deux miniatures.

MIXELLE (J.-M.).

395. Candaule, roi de Lydie, expose indiscrètement sa femme sans vêtements, aux yeux de Gygès. Très belle épreuve imprimée en couleur.

MOITTE (D'après P.-E.).

396. La Curiosité punie par Deny. Très rare épreuve à l'état d'eau-forte.

397. Le Consommé, par Deny. Très belle épreuve avec marge.

MONNET (D'après Ch.).

398. Les Baigneuses surprises, par Vidal. Très belle épreuve avant la lettre et avant que la mèche de cheveux ait été allongée. Grande marge.

MOREAU (J.-M.).

399. La Malédiction paternelle. Petite pièce gravée en réduction, d'après Greuze. Belle épreuve.

MOREAU (D'après J.-M.).

400. Louis XVI et Bailly, par Dambrun (E. B. 31). Superbe épreuve avant la lettre et avant les inscriptions sur la draperie.

401. La même Estampe, le médaillon contenant le portrait de Bailly est supprimé, et le buste de Louis XVI est remplacé par celui de Bonaparte. Très belle épreuve.

402. Les Vœux accomplis, par J. Simonet. Pièce allégorique sur la convalescence de Mme la Comtesse d'Artois, dont le buste se voit sur un socle. Superbe et rare épreuve avant toutes lettres. Grande marge.

403. Le Coup de vent, par Malbeste, groupe tiré de la Revue à la plaine des Sablons. Très belle épreuve.

404. La Dame du Palais de la Reine, par P.-P. Martini (1359). Belle épreuve. Remargée.

405. Vignette-Frontispice des tableaux de la Suisse, de La Borde. — Poème sacré sur la mort par Sacchini. Deux pièces. Très rares épreuves à l'état d'eau-forte.

406. Suite de quatre culs-de-lampe pour le Musée Français. — Vignettes pour la Nouvelle Héloïse — Le Tombeau de J.-J. Rousseau, gravé en réduction. Ensemble sept pièces gravées par Bacquoy, Duclos et autres artistes. Très belles épreuves.

407. Le Couronnement de Voltaire. — Memnon ou l'écœuil du Sage. — Pygmalion. — L'Amour enchaîné par les Grâces. — L'Amour désarmé, etc. Dix pièces gravées par Gaucher, Vidal, Simonnet et autres artistes. Très belles épreuves, quelques-unes à l'état d'eau-forte.

MORLAND (D'après G.).

408. *Guinea pigs*, par J.-P. Lévilly. Belle épreuve.

409. *The Letter woman*, gravé à la manière noire par P. Dawe. Très belle épreuve.

410. Fruits de l'Industrie et de l'économie. L'Egarement et la dissipation. — Industrie et économie. — Effets de l'égarement et de l'oisiveté. Suite de quatre pièces gravées par Darcis.

MULLER (J.-G.).

411. *Lebrun* (L.-E. Vigée) de l'Académie Royale de Peinture, d'après elle-même. In-fol. Très belle épreuve avec marge.

MUSIQUE (Pièces sur la).

412. L'apothéose de Sainte Cécile. — Le Parnasse et autres compositions où se trouvent divers instruments de musique. — Titres de livres et de partitions également décorés d'instruments de musique. Seize pièces par Ghisi, C. de Passe, Bérardi et autres artistes. Très belles épreuves.

NANTEUIL (R.).

413. *J. Le Coigneux.— Le cardinal Mazarin.—Ch.-M. Le Tellier.* — *Michel Le Tellier*, garde des sceaux. — *Ferd. de Neufville.* — *Cl. Thévenin.* Neuf portraits in-fol. Belles épreuves.

414. *J. Amelot.* — *F. Blanchard.* — *Blondeau.* — *Denis d'Attichy.* — *F. de Clermont-Tonnerre*, etc. Dix portraits in-fol. Belles épreuves.

NAPOLÉON (Pièces sur).

415. Napoléon à la Malmaison, gravé en réduction par C.-J. Lingès, d'après Isabey. Pet. in-fol. Très belle épreuve avant la lettre.

416. Napoléon Ier, empereur et roi d'Italie, en pied, gravé par Cazenave, d'après Vanderwal. Grand in-fol. Très belle épreuve coloriée ayant toute sa marge. Rare.

417. Les Vœux accomplis, d'après Moreau. Très curieuse épreuve où le buste de la comtesse d'Artois a été remplacé par celui de Napoléon.

418. Napoléon à cheval suivi de son état-major. Grande pièce gravée à la manière noire. Très belle épreuve avant la lettre ; elle est coloriée et encadrée.

419. Napoléon en costume du sacre. — L'Impératrice Joséphine ; en dessous, dans deux cartouches, la vue de la

— 52 —

bataille d'Austerlitz et celle du couronnement. Deux pièces gravées par et d'après Duplessis Bertaux et par Audoin, d'après J.-A. Laurent. Belles épreuves coloriées.

420. Marie-Louise, médaillon ovale, d'après Isabey. Très belle épreuve avant toutes lettres. Marge.

421. Napoléon. Douze portraits différents en buste et en pied. Très belles épreuves, noires et coloriées.

422. La Bataille d'Austerlitz, d'après C. Vernet. Très belle pièce mi-partie dessin mi-partie gravure ; les premiers plans sont à l'eau-forte pure, tout le fond où se donne la bataille et où évolue une quantité innombrable de combattants est très finement dessiné à la mine de plomb, par Duplessis-Bertaux, qui, bien certainement, s'est servi de ce dessin pour terminer sa planche.

423. La même pièce terminée, elle est entièrement retouchée au lavis et poussée à l'effet par Duplessis-Bertaux.

424. La même pièce. Cinq épreuves dans un état d'eau-forte plus ou moins avancé ; sur l'une d'elles, quelques croquis à la mine de plomb, par Duplessis-Bertaux.

425. La Bataille de Wagram. Très joli dessin, plume et sépia, de Duplessis-Bertaux. Plus la gravure à l'état d'eau-forte.

426. Triomphe de la constitution de l'an VIII. — Revue au Champ de Mars, par Girardet. Deux pièces. Très belles épreuves avant toutes lettres, la dernière est coloriée.

427. La Défense de la Place Clichy en 1815, par Bovinet, d'après H. Vernet. Superbe épreuve avant la lettre, avec un griffonnement dans la marge inférieure ; elle est sur papier de Chine.

428. Voiture du sacre. — Distribution des drapeaux à l'armée. Retour de l'île d'Elbe. Le Rocher de Sainte-Hélène, etc. Dix pièces noires et coloriées.

— 53 —

429. Portraits. — Batailles. Quarante pièces gravées et lithographiées.

430. Batailles de la République et de l'Empire. Trente pièces gravées et lithographiées.

431. Portraits de Napoléon, de la famille Impériale et des principaux personnages de l'Empire. — Événements historiques. — Batailles, etc. Soixante-quinze pièces noires et coloriées.

OLIVIER (D'après D.).

432. Première et seconde vue de l'Isle Barbe, au milieu de la Saône, au-dessus de Lyon, représentant le matin d'une fête. Deux grandes pièces, en largeur, gravées par Martini et Le Bas. Belles épreuves avec toutes leurs marges.

ORNEMENTS.

433. Les Héros et les héroïnes de l'Histoire. Huit pièces par V. Solis. Très belles épreuves, quelques-unes manquent de conservation.

434. Dessins de Vases. Dix-huit pièces par et d'après Enéas Vico, Polydore de Caravage et autres artistes. Très belles épreuves.

435. Manches de couteaux, — Arabesques, — Mascarons, — Cartouches. Vingt pièces par et d'après Ch. Alberti, Hogemberg et Vriese.

436. Fourreaux d'épée. — Arabesques. — Armoiries. — Dessins de boîtes. — Dessins de Montres. — Ornements divers. Soixante-cinq pièces pour orfèvres et bijoutiers, par Hollar, Et. Delaulne, Vauquers et autres artistes. Belles épreuves.

437. Dessins d'orfèvrerie, quinze nielles style Louis XV. Très belles épreuves. Rares.

— 54 —

438. Crémones et serrures. Deux très jolis dessins au lavis époque Louis XVI.

439. Fontaines, trophées d'armes, lits, vingt-quatre pièces formant quatre cahiers complets. — Frises, par J. Vissher dix-huit pièces. Ensemble quarante-deux pièces. Belles épreuves.

440. Arabesques, frises, mascarons.. Trente pièces par et d'après Ducerceau, Bérain, Lemoine et autres artistes.

441. Arabesques. — Dessins d'orfèvrerie. — Rinceaux, etc. Quarante pièces par et d'après Ducerceau, Boulle, Bérain, Germain et Forty.

442. Vases. — Arabesques. — Décorations intérieures. Cent vingt pièces par Le Pautre, Delafosse, Salembier, etc.

443. 1er cahier d'ovales et de médaillons pour les bijoux et les voitures, suite complète de six pièces gravées d'après Bertren. — Encadrements, six pièces éditées à Paris, chez Jean. Ensemble douze pièces. Très belles épreuves.

444. Cahiers de frises composées et gravées par Salembier, suite complète de six pièces. — Deuxième cahier d'ornements et frises, dessinés par Salembier et gravés par Juillet en 1777, suite complète de six pièces. Ensemble douze pièces. Très belles épreuves.

445. Attributs d'église, suite complète de six pièces gravées d'après De La Fosse. — VIIIe et IXe cahiers de principes de dessin d'après nature, gravés par Jaumet d'après Th. Le Clerc. — IVe, V^e et VIIe cahiers de jardins anglais par M. Panseron, etc. Quatre-vingts pièces. Très belles épreuves, la plupart ont toutes leurs marges.

PAROY (Comte DE).

446. La Caverne de voleurs. Très belle épreuve en couleur. Marge.

447. Bacchanale, d'après F. Janinet, 1786. Très belle épreuve imprimée en couleur. Sans marge.

PASQUIER (D'après).

448. La Diseuse de Bonne aventure, par Morette. Très belle épreuve imprimée en couleur.

PATER (D'après J.-B.).

449. Marche comique. — L'Orquestre de village. Deux pièces, faisant pendants, gravées par Ravenet. Superbes épreuves avec marges.

450. Le Concert amoureux. — L'agréable Société. — La belle Bouquetière. Trois pièces gravées par Fillœul. Très belles épreuves.

PETERS (D'après).

451. La Devideuse, par Chevillet. Très belle épreuve avant toutes lettres.

PETIT ET DE LARMESSIN.

452. *Marie*, Princesse de Pologne, Reine de France, en buste. — *Marie-Josephe* de Saxe, Dauphine de France, en pied. Deux portraits in-fol. gravés d'après Vanloo. Très belles épreuves.

PICART (B.).

453. Concert dans un parc. Très belle épreuve.

POLLARD ET JUKES.

454. Vue du Procès de Warren Hastings, écuier, en présence de la cour des Pairs dans la salle de Westminster... le 13 février 1788. Grande pièce en largeur très intéressante pour les costumes, gravée d'après E. Dayes. Très belle épreuve en couleur.

POILLY (A Paris chez N.-J.-B. DE).

455. *Louis*, Dauphin de France, né à Versailles le 4 septembre 1729. — *Marie-Josephe de Saxe*, Dauphine de France, née le 4 novembre 1731, sa femme, représentés en pied, en grand costume. Deux portraits in-4, faisant pendants. Curieuses épreuves coloriées, les broderies des costumes rehaussées d'or.

PORTRAITS.

456. *Henri II.* — *Catherine de Médicis.* — *Louis XIII.* — *François de Guise.* — *Marguerite d'Autriche.* — *Élisabeth d'Angleterre,* etc. Vingt portraits in-8, gravés par Et. Delaulne, Wierrix, David et autres artistes. Belles épreuves.

457. *Louis XIV*, quatre portraits différents. — *Louvois.* Ensemble cinq pièces in-fol. gravées par Simon et N. Vissher.

458. *Mazarin.* — *M. Letellier.* — *Th. Corneille.* — Maréchal de Grammont. — *Chapel*, etc. Dix portraits in-fol. Très belles épreuves.

459. Maréchal de *La Meilleraye.* — Duc de *la Vrillière.* — Duc de *Mazarin.* — *Colbert.* — Mme *de Caylus*, etc. Neuf portraits in-fol., gravés par Nanteuil, Picart et Audran. Très belles épreuves.

460. *Marie-Thérèse* d'Autriche. — Mme *Helyot.* — Catherine *de Gondy.* — Mme *de Chantal.* — Comtesse *Dubarry.* — Comtesse *de Carcado*, etc. Dix-huit portraits in-4 et in-8. Très belles épreuves.

461. *Ant. Le Maistre.* — *Furetière.* — *Roger de Piles.* — *La Peyre.* — *N. de Malesherbes.* — *Descartes.* — *Richelieu*, etc. Vingt portraits in-4 et in-8. Belles épreuves.

— 57 —

462. *Louis XIII. — Louis XIV. — Louis XV.* — Princes et Princesses de la famille Royale. Trente-quatre pièces in-4 et in-fol. Belles épreuves.

463. *Jean de La Fontaine.* Trente portraits in-8 et in-4, anciens et modernes.

464. *Vander Bruggen. — N. de Largillière. — P. Mignard. — J.-B. Oudry. — H. Rigaud. — L. Tocqué,* etc. Huit portraits in-fol., gravés par Chereau, Daullé, Schmidt et autres artistes.

465. *Dumont de Valdajou. — Ant. Coypel. — Gab. Allegrain. — Jouvenet. — Dalembert. — Ducis,* etc. Dix portraits in-fol. Très belles épreuves.

466. *Anne,* Impératrice d'Allemagne. — Mme *Anne-Victoire de Bavière. — de Mlle Fontanges. — Cath. de Seine,* etc. Huit portraits in-fol. Très belles épreuves.

467. *F. Le Bloy. — J. Soanen.* — Cardinal *Fleury. — Capperonier. — De Buison de Beauteville,* etc. Sept portraits in-4 et in-fol., gravés par Chereau, De Launay et autres artistes.

468. *Nicolas Bédigis. — Voyez d'Argenson. — Joly de Fleury. — Boyer d'Aiguilles. — Jean-Bart,* etc. Douze portraits in-fol., gravés par Poilly, Vermeulen et autres. Belles épreuves.

469. *Voltaire,* par un anonyme, médaillon ovale in-8. Très belle épreuve imprimée en couleur sur fond rouge.

470. *Jérôme de la Lande. — J.-B. Rousseau. — Mansart. — Sénac de Meilhan. — Boyer d'Aiguilles. — Cl. Geoffroy. — Waldemar de Lowendal,* etc. Dix-huit portraits in-fol., gravés par A. de Saint-Aubin, Coelmans et Daullé.

471. *Don François Louvard. — Ant. de Malvin.* — Le R. Père S. *Perrusault. — Le Cardinal de Polignac. — Arm. J. de Rohan. — Eusèbe Renaudot,* etc. Neuf portraits, in-fol., gravés par Beauvarlet, Chereau et Littret.

— 58 —

472. Miracles du Diacre Paris. — Son Portrait. — Expulsion des Jésuites des États du Roi d'Espagne. — Portraits d'ecclésiastiques. Trente-cinq pièces in-8 et in-fol.

473. Hommes de guerre. — Ecclésiastiques. — Magistrats. — Poètes. — Littérateurs, etc. Quatre-vingt-dix portraits, in-4 et in-8, par et d'après Cochin, Saint-Aubin, Ingouf et autres graveurs du xviiie siècle. Très belles épreuves.

474. Soixante-quinze portraits en buste et en pied de Louis XVIII, de Charles X et des membres de la famille Royale. Belles épreuves.

475. Quatre-vingts portraits en buste et en pied, du Roi Louis-Philippe, de la Reine Amélie et des membres de la famille Royale. Très belles épreuves avant et avec la lettre.

476. Portraits de souverains et de souveraines. Cent vingt portraits in-4 et in-8, anciens et modernes.

477. Cent portraits in-8 et in-4, d'ecclésiastiques français et étrangers du xviie et du xviiie siècle.

478. Deux cents portraits in-4 et in-8, gravés et lithographiés de personnages marquants du xviiie et du xixe siècle.

479. Portraits de personnages, originaires de la Bretagne et de l'Anjou. — Vues prises dans ces mêmes provinces. Cinquante pièces anciennes et modernes.

480. Portraits de femmes célèbres du xviie et du xviiie siècle. Soixante-dix pièces in-4 et in-8, gravées et lithographiées.

481. Pairs de France. — Députés. — Personnages politiques de la Restauration. Cent quarante portraits gravés, in-4, de forme ovale. Très belles épreuves avec toutes leurs marges.

482. Artistes. — Magistrats. — Poètes. — Hommes de guerre, etc. Quatre-vingts portraits in-4 et in-8, gravés et lithographiés. Très belles épreuves avant et avec la lettre.

— 59 —

483. Littérateurs. — Ecclésiastiques. — Hommes politiques, etc. Cent portraits in-8 et in-4, gravés et lithographiés. Très belles épreuves avant et avec la lettre.

484. Députés à l'Assemblée Nationale de 1848. Deux cent vingt portraits lithographiés, publiés à Paris chez Delarue.

485. *Maria Ruthen.* — *George Sand* en 1846. — La Reine Isabelles II, etc. Douze portraits in-4 et in-fol. lithographiés.

486. Personnages marquants du xix° siècle. Quatre-vingt-dix portraits gravés et lithographiés.

487. Portraits de célébrités du siècle. Quarante-cinq pièces, la plupart in-fol. gravées et lithographiées.

POTOWCKI (?) (Comte).

488. Vision de Monsieur l'abbé De Lille, auteur du Poeme des Jardins. Très belle épreuve, imprimée en couleur, d'une curieuse pièce satirique. Marge.

PRUD'HON (D'après P.-P.).

489. Phrosine et Mélidor, réduction gravée par Roger. Très rare épreuve à l'état d'eau-forte pure. Grande marge.

490. Stellina au sortir du bain suprise par Edouard (la Grotte), par Roger. Superbe épreuve avec la tablette ombrée.

491. Le Christ portant sa croix et suivi des âmes malheureuses, par Roger. Deux très belles épreuves : à l'état d'eau-forte pure et avant la lettre.

492. Daphnis et Chloé. — Abrocome et Anzia. — Aminta. Sept pièces gravées par Roger. Très belles épreuves dont plusieurs sont doubles, celle d'Abrocome et Anzia est avant la lettre.

— 60 —

493. L'enflammer. — En jouir. — Le cruel rit des pleurs qu'il fait verser. — La Vengeance de Cérès. — La Raison parle et le plaisir l'entraîne. Cinq pièces gravées par Brisson, Copia et Roger. Très belles épreuves, les trois premières pièces sont avant la lettre.

494. Le Chevrier. — Daphnis cherchant une cigale. — Le Bain. — Le Zéphyr. — L'Assomption. — Le Triomphe de Napoléon, etc. Huit vignettes gravées par Piteaux et autres artistes. Très belles épreuves, quelques-unes sont avant la lettre.

495. L'Innocence préfère l'amour à la richesse, d'après Mlle Mayer. — L'Amour séduit l'Innocence, le plaisir l'entraîne, le repentir suit. Deux pièces, faisant pendants, gravées par Roger. Très rares épreuves à l'état d'eau-forte.

496. La raison parle et le plaisir entraîne. — La vertu aux prises avec le vice. Deux pièces, faisant pendants. Très belles épreuves avant la lettre.

497. La raison parle, le plaisir entraîne. — La vertu aux prises avec le vice. — La vengeance de Cérès. — A la mémoire de Prud'hon. Six pièces gravées par Roger, Copia et Soinard. Belles épreuves avant et avec la lettre.

498. L'Industrie. — Le Commerce. — La Science. — L'Étude. — La Navigation. — L'Agriculture. — Les Arts. Sept figures allégoriques en hauteur, gravées par Prud'hon fils. Très belles épreuves tirées avant que, dans les adresses, le nom de Bance ait été supprimé.

499. Les mêmes compositions gravées en réduction, suite complète de dix pièces. Très belles épreuves. Remargées.

500. Innocence et amour. — Hymen et bonheur. Deux pièces, faisant pendants, gravées par Villerey. Très belles épreuves, la première pièce est avant la lettre, la seconde est lettres grises. Grandes marges.

501. Le Zéphir, par Laugier. Deux très belles épreuves : à l'état d'eau-forte et avant la lettre.

502. Portrait de Mlle Mayer. — Les Génies des arts. — La Vendange. — Zéphyr. — La Constitution Française, etc. Vingt-deux pièces gravées et lithographiées. Très belles épreuves avant et avec la lettre.

PRUD'HON (École de).

503. A la Mémoire de Prud'hon. — Le Zéphir. — Le Sort des artistes. — L'Amour vengé. — Sapho inspirée par l'amour. — En-têtes de lettres, etc. Vingt pièces.

RAFFET, V. ADAM ET AUTRES.

504. Voyage dans la Russie méridionale. — Sujets algériens. — Souvenirs de voitures, chevaux, courses, accidents, etc. Trente lithographies publiées chez Gihaut et Jeannin.

RANSONNETTE (N.).

505. L'Arrestation. — Manon et Desgrieux en Amérique. Deux pièces in-fol., faisant pendants, pour Manon Lescaut. Très belles épreuves avant la lettre. Très rares.

REGNAULT (D'après F.-R.).

506. Ah s'il s'éveillait, gravé en réduction à la manière du lavis, par I. P. Très belle épreuve tirée en bistre. Rare.

REMBRANDT (Par et d'après).

507. Rembrandt avec l'écharpe autour du cou. — Le Marchand de mort-aux-rats. — Le Jeu du Kolef. — Le Pisseur. — Utembogaert. — Le Grand Coppenol. — Vieille Femme assise, etc. Trente pièces gravées à l'eau-forte. Bonnes épreuves.

RÉVOLUTION (Pièces sur la).

508. Assemblée des Notables, tenue à Versailles le 22 février 1787. Gravé par Cl. Niquet, d'après Ch. Girardet, trois épreuves dont deux sont avant la lettre. — Assemblée Nationale constituée à Versailles le 17 juin 1789, gravé par Ponce, d'après Borel. Ensemble quatre pièces. Très belles épreuves.

509. Ouverture des États Généraux à Versailles le 5 mai 1789, gravé à la manière du lavis par Patas. Très belle épreuve avec toute sa marge.

510. La Liberté Française ou tableau purement historique des événements qui ont signalé dans Paris la révolution depuis le 12 juillet au 6 octobre 1789. A Paris, chez Bance. Grand tableau typographique surmonté du portrait du Roi. Très belle épreuve coloriée.

511. Confédération des Français à Paris le 14 juillet 1790, par et d'après Gentot. — Plan général du Champ de Mars et du Nouveau Cirque, le 14 juillet 1790, dessiné et gravé par Meusnier et Gauché. Deux pièces, la dernière est imprimée en couleur.

512. La Révolution Française arrivée sous le règne de Louis XVI le 14 juillet 1789. — A la Nation Française, les Protestants reconnaissants. — Camp fédératif de Lyon tenu le 30 mai 1790. — Triomphe de Voltaire. Quatre grandes pièces gravées à la manière du lavis par Duplessis. Très belles épreuves.

513. La fête de la Fédération des Départements du Nord à Lille en 1791. Gravé par Helman, d'après Watteau de Lille. Très belle et rare épreuve avant la lettre.

514. Adieux de Louis XVI à sa famille, au Temple. Trois différents dessins, relevés d'aquarelle.

515. Journée du 20 juin 1792. — Le Dévouement de Mme Élisabeth dans la journée du 20 juin 1792. — La Séparation

de Louis XVI d'avec sa famille dans la tour du Temple. — Louis XVI, avec son confesseur Edgeworth, un instant avant sa mort. — La Séparation de Marie-Antoinette d'Autriche d'avec sa famille dans la tour du Temple. — Jugement de Marie-Antoinette d'Autriche. Suite de six grandes pièces en largeur, gravées au pointillé, la plupart par Cazenave, d'après Benazech et Bouillon, et publiées à Paris chez Vérité. Superbes épreuves avec toutes leurs marges.

516. Fin tragique de Louis XVI, exécuté le 21 janvier 1793, dessiné d'après nature par Fioux, gravé par Beau. — Fin tragique de Marie-Antoinette d'Autriche, reine de France, exécutée le 16 octobre 1793. Deux petites pièces faisant pendants. Très belles et rares épreuves coloriées. Grandes marges.

517. Assassinat de Marat, le 13 juillet 1793, par Brion. Très belle épreuve coloriée ayant toute sa marge.

518. Liberté. — Égalité. Deux pièces gravées à la manière du lavis publiées à Paris chez Villeneuve. Très belles épreuves.

519. Le triomphe de la Liberté. Jolie pièce allégorique publiée à Paris, chez la citoyenne Bergny. Très belle épreuve imprimée en couleur. Rare.

520. Sept cent cinquante m'écrasent. — Le guerrier constitutionnel. — Le coq-à-l'âne. — Souper du Diable. — Lequel faut-il donner? — Le tiers état confesseur. — Deuxième conciliabule des Vénérables Pères communicants, le 29 juin 1801. Sept pièces satiriques, noires et coloriées.

521. Cent soixante-dix décrets et placards de l'époque de la Révolution, parmi lesquels un grand nombre d'intéressants et de curieux.

522. Fête du 14 juillet an IX : vue des trois théâtres construits aux Champs-Élysées dans le carré Marigny, sur lesquels

on a célébré aussi la fête du 1ᵉʳ vendémiaire an X. A Paris, chez Basset. Très belle épreuve avec les fonds imprimés en couleur.

523. Caricatures et Pièces allégoriques sur la Révolution. Vingt pièces noires et coloriées.

524. Costumes du Directoire dessinés d'après David. — Affiches. — Pièces historiques et allégoriques. Trente-sept pièces noires et coloriées.

525. Deux cent cinquante pièces extraites des Tableaux de la Révolution française. Très belles épreuves avant et avec la lettre, la plupart ayant toutes leurs marges.

526. Deux cents pièces in-4 et in-8 sur les événements de la Révolution.

527. Tableaux de la Révolution Française. — Campagnes d'Italie d'après les dessins de C. Vernet. Quarante-cinq pièces. Très belles épreuves avant la lettre ou à l'état d'eau-forte.

528. Portraits. — Placards. — Événements historiques. Soixante pièces.

REYNOLDS (D'après S.-J.)

529. Une jeune femme et deux enfants, dont l'un tient une torche. Gravé par G.-S. Facius, d'après le tableau qui se trouve dans la chapelle du nouveau collège à Oxford. Très belle épreuve avant la lettre.

530. *The Rᵗ Honᵇˡᵉ Countess Spencer*, par Bonnefoy. Belle épreuve en couleur. Toute marge.

REYNOLDS (S.-W.).

531. *Frotté* (P.-Marie-Louis, comte de), célèbre chef vendéen, gravé à la manière noire, d'après H. Howard. In-fol. Très belle épreuve. Rare.

ROSALBA (D'après La).

532. Les Saisons représentées sous les figures allégoriques de jeunes femmes. Suite de quatre pièces en hauteur, gravées par de F... Très belles épreuves avec de grandes marges.

SABLET (D'après).

533. Le Maréchal-ferrant de la Vendée, par Copia. Très belle épreuve avant la lettre.

SAINT-AMAND (D'après).

534. Lolotte et Werther. — Pressentiment de Lolotte. Deux pièces, faisant pendants, gravées par Morange. Très belles épreuves avec de grandes marges.

SAINT-AUBIN (D'après G. DE).

535. Les Enfants bien avisés, par P.-F. Tardieu. Très belle épreuve avec une grande marge.

SAINT-AUBIN (D'après A. DE).

536. La Promenade des remparts de Paris. — Tableau des Portraits à la mode. Deux pièces, faisant pendants, gravées par P.-F. Courtois (E.-B, 378 et 382). Très belles épreuves.

537. Mes gens ou les commissionaires ultramontains. Suite de six pièces, en hauteur, gravées par Tilliard (390-395). Anciennes et très belles épreuves rares en cet état. Collection de Béhague.

538. La sollicitude maternelle. — La tendresse maternelle. Deux pièces, faisant pendants, gravées l'une par Ser-

gent et Phelypaux, l'autre par Phelypeaux et Moret (414 et 415). Superbes et rares épreuves avant toutes lettres, imprimées en couleur.

SCHIAVONETTI ET BONNEFOY.

539. *Innocent recreation. — Animal affection. — Betsy in trouble. — The dog's first sight of himself.* Quatre pièces faisant pendants, gravées d'après Miller et J. Russel. — Très belles épreuves en couleur.

SEDGWICK.

540. *Widow costard's*, d'après E. Penny. Très belle épreuve imprimée en bistre.

SERGENT (D'après A.).

541. Il ne sera pas difficile, Madame, qu'il l'apprenne à son Prince... Très belle épreuve, imprimée en couleur, d'une pièce tirée du Mémorial pittoresque de la France.

542. Portraits et faits historiques. A Paris, chez Blin. Superbes épreuves imprimées en couleur.

SIMON (D'après I.-P.).

543. La Française coquette. — La Pensive Anglaise. Deux pièces faisant pendants, gravées par Prud'hon et Bourgeois de la Richardière. Très belles épreuves en couleur. Toutes marges.

SMITH (I.-R.).

544. *Charlotte at the tomb of Werter.* Superbe épreuve imprimée en bistre. Marge.

SPORTS (Pièces sur les).

CHASSE. — COURSES. — ESCRIME, ETC.

545. Chasses. Suite de quatre pièces gravées à la manière noire, d'après Ridinger. Très belles épreuves avec marges.

546. Chasses. — Chevaux. Vingt-quatre pièces par et d'après Ridinger. Très belles épreuves avec marges.

547. *La Caza del Xavali, venatio aprorum* (chasse au sanglier). Grande gravure sur bois, pour paravent. Épreuve coloriée.

548. *Gamekeepers refreshing.* — *Gamekeepers returning.* Deux pièces faisant pendants, gravées par Himly, d'après J.-E. Jones. Très belles épreuves coloriées.

549. *The Sportsman preparing.* — *The Sportsman's visit.* Deux pièces faisant pendants, gravées d'après E.-F. Lambert. Très belles épreuves coloriées.

550. Études de chevaux de chasse, gravés par Levachez et autres artistes, à la manière du lavis, d'après Carle et Horace Vernet. Neuf pièces. Très belles épreuves coloriées. Grandes marges.

551. Études de chiens de chasse. Suite complète de six pièces, lithographiées par C. Vernet et imprimées chez Delpech. Anciennes et très belles épreuves. Rares.

552. Chasses. Suite complète de douze lithographies par C. et H. Vernet, plus la pièce supplémentaire : l'Éducation des chiens, en épreuve avant la lettre. Ensemble treize pièces. Très belles épreuves avec toutes leurs marges.

553. Études de têtes de Lions et de Lionnes. Dessin original à la mine de plomb, d'Eugène Delacroix, portant le cachet de sa vente.

554. Portrait du chien de Lord Bentink. — Tigre Royal. — Gardes-chasse se rafraîchissant. Six pièces gravées à l'aqua-tinta, publiées à Londres. Belles épreuves noires et coloriées.

555. *The free kirk.* — *The Mothers.* — *Brae-mar.* — Chasse au mouflon, etc. Six grandes pièces gravées d'après Landser, H. Vernet et Alf. de Dreux. Très belles épreuves.

556. L'Attaque. — Le Lancer. — L'Accompagné. — La Curée. — Suite de quatre grandes pièces gravées à la manière noire, d'après. G. Lepaulle. Très belles épreuves coloriées. Rares.

557. Chasses. — Études de chevaux. Trente pièces gravées par et d'après Wouwermans, Oudry, Desportes et autres peintres. Très belles épreuves.

558. Cheval Arabe conduit par un Mameluck. — Cheval Russe conduit par un Cosaque. Deux pièces gravées par Debucourt, d'après C. Vernet. Très belles épreuves coloriées ayant toutes leurs marges.

559. Cheval Arabe. — Cheval du Mecklembourg. — Cheval persan. — Chevaux de carrosse anglais harnachés. Neuf pièces lithographiées par C. Vernet. Très belles épreuves coloriées.

560. La Chasse au cerf. — La Promenade du matin. — Le Château de Windsor. Trois pièces gravées par Levachez et Himly, d'après C. Vernet. Très belles épreuves coloriées.

561. Les chevaux en liberté. — Chevaux de race. Cinq pièces gravées par Levachez, d'après C. Vernet. Très belles épreuves coloriées et imprimées en couleur. Grandes marges.

562. Études de chevaux. Quarante-huit pièces lithographiées par C. Vernet.

563. Course de traîneaux. — Le relais dans la neige. — Le retard de la malle poste. Trois pièces gravées par Jazet et Himely, d'après C. Vernet et Pollard. Belles épreuves coloriées.

564. Études de chevaux. Huit grandes pièces gravées par Demarteau, Jazet et autres artistes, d'après H. Vernet. Anciennes et belles épreuves coloriées.

565. Études de chevaux. Suite complète de six pièces gravées par A. Bartsch, d'après Pforr. Très belles épreuves avec marges. Rares.

566. Études de chevaux par Géricault, dix lithographies, plus le titre et le portrait de l'artiste, ensemble douze pièces imprimées par Villain et publiées chez Gihault. Très belles épreuves dans leur couverture de publication.

567. Études de chevaux d'après nature, lithographiés par Géricault. Suite de vingt pièces, plus le titre, éditées chez Gihault, 1822. Belles épreuves dans leur couverture de publication.

568. Chasses. — Études de chevaux. Vingt-quatre pièces lithographiées par et d'après Géricault, C. et H. Vernet. Très belles épreuves.

569. Le Haras. — Le Départ pour la guerre. Deux pièces, faisant pendants, gravées par Jazet, d'après H. Lecomte. Très belles épreuves coloriées.

570. Chevaux. — Chiens. — Chasses. Dix-huit pièces gravées et lithographiées. Belles épreuves coloriées.

571. Suzerain. — Zut. — Après le combat. — La part du maître. — La part des chiens. — Chasse en plaine. — Course au clocher. Douze grandes pièces. Très belles épreuves noires et coloriées.

572. Chevaux. — Chasse. Vingt-huit lithographies.

573. Études de chevaux. — Chasses. Trente-cinq pièces coloriées, gravées et lithographiées d'après Froelich, Alf. de Dreux et V. Adam. Très belles épreuves coloriées.

574. *Volunter*, gravé par G. Townly Stubbs, d'après G. Stubbs. Belle épreuve. Rare.

375. *Coursing, pl. 1.* — *Horses watering.* — *Horses going to a fair.* — Trois pièces gravées par Himly, d'après Wolstenhome et E. Jones. Très belles épreuves coloriées.

576. Course à Bade en 1841 ? Très belle et grande pièce gravée par J. Harris, d'après L. Hérauld. Publiée à Paris, par Goupil et Cie. Superbe épreuve avant la lettre, anciennement coloriée. Rare.

577. *The Start for the Derby*, 1845. Très grande pièce gravée par Charles Hunt, d'après J.-F. Herring. Ancienne et très belle épreuve coloriée. Encadrée.

578. *The Start.* — *Winning.* — *The Cambridceshire stakes*, 1853. — *Merry Hamphon*, etc. Sept grandes pièces, publiées la plupart à Londres. Belles épreuves coloriées.

579. *The huntsman.* — *Gladiateur.* — *The Liverpool, national Steeple chase.* Trois grandes pièces. Très belles épreuves coloriées.

580. Les Vainqueurs du Grand Prix de Paris et du Derby français de 1864 à 1882. Vingt-deux grandes pièces lithographiées, la plupart par A. Adam, et publiées chez Delarue et Jouy. Anciennes et belles épreuves coloriées.

581. Charles-Emmanuel IV et Marie-Clotilde. — Emmanuel, Roi de Sardaigne. Deux pièces allégoriques au trait, intéressantes pour les voitures. Rares.

582. Carrosses. Deux dessins, dont l'un est rehaussé d'or.

583. Voitures. — Traîneaux. — Vélocipèdes. — Trente-cinq gravures et lithographies, noires et coloriées.

584. Cinq pièces grand in-fol. tirées de l'académie de l'épée de Thibault. Belles épreuves.

585. Brevets de Contre-pointe. — Canne. — Bâton. Sept pièces coloriées, intéressantes comme costumes militaires, datant de la première moitié de ce siècle.

586. Vingt pièces gravées et lithographiées relatives à l'escrime.

STRANGE (R.).

587. Charles Ier, roi de la Grande-Bretagne représenté en pied près de son cheval que tient un écuyer. Dessiné et gravé en 1782, d'après le tableau de Ant. van Dyck du musée du Louvre. In-fol. Très belle épreuve.

SUIDERHOEF (J.).

588. *Isabelle-Claire-Eugénie*, Infante d'Espagne, d'après P.-P. Rubens. In-fol. Très belle épreuve avant le numéro.

SWEBACH DESFONTAINES (D'après).

589. Serment fédératif du 14 juillet 1790, gravé par Le Cœur. Très belle épreuve imprimée en couleur.

TAUNAY (D'après N.-A.).

590. Foire de village. Très petite pièce gravée en réduction par Descourtis. Très belle épreuve coloriée. Toute marge.

TÉNIERS (D'après).

591. Fêtes de village. Deux pièces gravées en réduction par Le Bas? Très belles et rares épreuves avant toutes lettres et avant les armes. Marges.

THÉATRE (Pièces sur le).

PORTRAITS D'ACTEURS ET D'ACTRICES.

592. *Baptiste aîné*, dans le rôle de Robert, chef de brigands. In-4. Très belle épreuve imprimée en couleur.

593. *Catalani* (Angélica), gravée par A. Cardon, d'après C.-M. Pope, 1812. — Autre portrait du même personnage. Deux pièces in-4 et in-fol. Très belles épreuves, dont une est avant la lettre

594. *Clairon* (Hippolyte de la Tude), de la Comédie-Française, d'après Pougin de Saint-Aubin. In-fol. Très belle épreuve avec marge.

595. *Dubus Preville* (P.-L.), de la Comédie-Française dans une bordure ovale reposant sur une tablette ornée de trois médaillons, où il est représenté dans trois rôles différents. Très belle épreuve imprimée en couleur.

596. *Laruette* (M. et Mme), du Théâtre Italien. Deux pièces in-4, gravées par Elluin d'après Le Cler. Très belles épreuves.

597. *Maillard* (Mlle), du Théâtre des Arts, en buste dans une bordure ovale reposant sur un cartouche orné de figures allégoriques, gravé par Alix d'après Garneray. In-4. Superbe épreuve imprimée en couleur. Marge.

598. La même estampe. Belle épreuve imprimée en couleur.

599. *Mlle Colombe* l'aînée. — *Mme de Saint-Huberti.* — *Mlle Desbrosses.* — *Le Kain.* — *Johanna Sacco.* Cinq portraits in-4, gravés par Delattre et Elluin.

600. *Mme Boulanger.* — *Mme Joly.* — *Mme Saint-Aubin.* — *Mme Gouthier.* Cinq portraits in-4, gravés par Audouin, Langlois et Ruotte. Très belles épreuves avant et avec la lettre.

601. *Adrienne Lecouvreur.* — *Mlle Contat.* — *Mlle Colombe Favart.* — *Mlle Mars*, etc. Vingt-six portraits gravés par

Janinet, Desrochers, Lignon et autres artistes. Belles épreuves.

602. Baron. — *Mouton*. — *Ad. Lecouvreur*. — *Dossainville* dans la laitière. — *Baptiste Cadet*, etc. Trente portraits in-4 et in-fol. d'acteurs et de musiciens; quelques-uns sont coloriés.

603. Portraits en pied des principaux acteurs ou actrices des théâtres de Paris de 1825 à 1830. Vingt-trois pièces, lithographiées par Marin et Colin. Épreuves coloriées.

604. Architectonographie des théâtres ou parallèle historique et critique de ces édifices, etc., 1re série : théâtres de Paris construits jusqu'en 1820. Suite complète de vingt-cinq pièces, plus un plan de Paris publié chez L. Mathias, 1837.

605. Portraits et costumes des principaux acteurs et actrices des théâtres de Paris dans la première moitié du siècle. Cent quarante lithographies noires et coloriées.

606. *Talma*. — Mlle *Mars*. — Mme *Malibran*. — *Duprez*. — Mme *Alboni*. — Mme *Viardot*, etc. Quinze portraits, la plupart in-fol., gravés et lithographiés.

607. Acteurs et actrices de Paris. Cent vingt pièces noires et coloriées.

608. Le Roi et le Fermier. Gravé par Janinet d'après Gravelot. Très belle épreuve imprimée en bistre.

609. Scènes de Tartufe. — La Fausse Vertu. — Le Déserteur. Trois pièces d'après C. Troost et Queverdo. Très belles épreuves.

610. *Public Characters*. Réunion de trente-cinq têtes sur une même feuille. Pièce humouristique gravée par Rowlandson? Belle épreuve en couleur.

611. Nouveau Jeu des Théâtres de Melpomene, Momus et Thalie. Pièce très intéressante, publiée à Paris chez

Basset, elle a la disposition adoptée du Jeu de l'Oye, et dans chaque case sont représentés les meilleurs artistes de Paris de cette époque dans leurs principaux rôles. Très belle épreuve coloriée. Très rare.

612. Costumes. — Scènes et décorations théâtrales. Cinquante pièces anciennes et modernes. Épreuves en noir et coloriées.

TOMKINS (W.).

613. Le Buste du Duc d'Enghien, suspendu à un arbre au-dessus d'un trophée d'armes. Composition allégorique publiée à Londres en 1804. Très belle épreuve, avec marge, tirée en bistre. Très rare.

TOURCATY.

614. L'Innocent désir. Petite pièce de forme ovale gravée au pointillé. Très belle et rare épreuve imprimée en couleur. Très grande marge.

TRESCA (A Paris chez).

615. *Wood-Nymph.* — *Shepherdess.* Deux pièces, de forme ovale, faisant pendants. Très belles épreuves imprimées en bistre. Grandes marges.

TROY (D'après F. de).

616. Mardochée refuse de fléchir les genoux devant Aman. — Aman arrêté par ordre d'Assuérus. — Repas donné par Esther à Assuérus. — Évanouissement d'Esther. Quatre pièces gravées par J. Beauvarlet. Très belles épreuves.

VAN DE VELDE (D'après A.).

617. La Chasse, par Le Bas. Très belle épreuve avant toutes lettres. Marge.

VIGNETTES.

618. Ravaudeuse (Mme Du Barry?) en riche toilette, ravaudant dans son tonneau, à l'entrée d'un palais sur la porte duquel on lit : *Hotelle garnie a pié et a chevalle*. Très belle épreuve d'une petite pièce satirique curieuse et rare.

619. Soixante-dix vignettes par et d'après Cochin, Eisen Desrais, Moreau, etc., pour les Métamorphoses d'Ovide, les œuvres de Retif de la Bretonne, les chansons de La Borde et autres ouvrages. Belles épreuves, quelques-unes sont coloriées.

620. Portraits de Molière, et vignettes pour l'illustration de ses œuvres. Cinquante pièces.

621. Portraits de Racine et de Boileau et vignettes pour l'illustration de leurs œuvres. Cent dix pièces. Belles épreuves.

622. Portraits de La Fontaine et vignettes pour l'illustration de ses œuvres. Cent soixante pièces anciennes et modernes. Belles épreuves avant et avec la lettre.

623. Cinquante-huit vignettes et portraits d'après Cochin, Moreau, Monsiau et autres artistes pour les œuvres de J.-Jacques et de J.-B. Rousseau. Belles épreuves à l'état d'eau-forte, avant et avec la lettre.

624. Portraits de Voltaire. — Son triomphe. — Son couronnement à la vi^e représentation d'Irène, d'après Moreau. Vingt-deux pièces. Belles épreuves.

625. Cent vignettes, la plupart d'après Moreau, pour les œuvres de Voltaire. Belles épreuves avant et avec la lettre.

626. Soixante-dix vignettes d'après Gravelot, Moreau et Chasselot pour les œuvres de Voltaire. Belles épreuves à l'état d'eau-forte, avant et avec la lettre.

627. Vingt-huit vignettes et deux portraits, ensemble trente pièces, par H. Monnier, pour les œuvres de Béranger. Belles épreuves coloriées.

628. Vignettes pour les œuvres de Béranger, éditions de Perrotin. Cent dix pièces sur blanc et sur chine, avant et avec la lettre.

629. Portraits de Béranger et vignettes pour diverses éditions de ses œuvres. Quatre-vingts pièces sur blanc et sur chine, avant et avec la lettre.

630. Suite de quatre pièces coloriées pour les Chansons politiques de Béranger. De l'Imprimerie de Tencé frères, à Bruxelles. Rare.

631. Soixante vignettes par et d'après Boulanger, T. Johannot; pour les œuvres de Victor Hugo. Très belles épreuves sur blanc et sur chine, avant et avec la lettre.

632. Cent cinquante vignettes et culs-de-lampe, pour l'illustration d'ouvrages datant de la première moitié de ce siècle. Très belles épreuves, dont un grand nombre à l'état d'eau-forte et en épreuves avant la lettre.

VUES et PLANS.

633. « Description au naturel de la ville de Lyon et paisage autour d'icelle. A Lyon chez Froment. » Très grand plan entouré d'une légende explicative, il est décoré des armes de François de Neufville et d'une vue de la Maison de ville. Très rare.

634. Plan historique de la ville et fauxbourgs de Paris... Dédié et présenté au Roy, par... Moithey Ingénieur Geographe du Roy, 1788. Grand plan en plusieurs feuilles assemblées, illustré tout autour des vues des monuments les plus importants de la capitale à cette époque. Il est collé sur toile et monté sur rouleau.

635. Vues de Paris et de ses environs. Cinquante pièces gravées par M. Mérian. Très belles épreuves avec de grandes marges.

636. Vues de Paris et de ses environs. Quatre-vingts pièces gravées par I. Silvestre, Marot, Rigaud et autres artistes.

637. Vues de Paris. Douze pièces imprimées en couleur et coloriées, par Campion, Janinet et autres.

638. Vues de Paris. Vingt-neuf pièces gravées, par Janinet, à la manière du lavis. Belles épreuves en noir.

639. Vues de Paris, de ses environs et de la province, connues sous le nom de vues d'optique. Cent dix pièces coloriées.

640. Vues de Paris. Trente-cinq pièces datant du commencement du siècle. Quelques-unes sont coloriées.

641. Vues de Paris et de ses environs. Soixante-quinze lithographies datant de la première moitié du siècle.

WARD et GIANI (D'après).

642. Les Saisons. Suite de quatre pièces en hauteur, gravées par Tresca et Bartolottij. Très belles épreuves en couleur.

WATTEAU (D'après A.).

643. L'Accord parfait, par Baron. Très belle épreuve avec une grande marge.

644. L'Amour paisible, par J. de Favannes. Très belle épreuve avec une grande marge.

645. Les Amusements italiens, par Ransonnette. Très belle
646. épreuve. Rare.

646. Le Bain rustique, par Cardon. Belle épreuve.

647. Camp-volant. — Escorte d'équipages. Deux pièces, faisant pendants, gravées par N. Cochin et L. Cars. Très belles épreuves avec de grandes marges.

648. Les Enfants de Silène, par Dupin. Très rare épreuve à l'état d'eau-forte pure.

649. La Proposition embarrassante, par M. Keyl. Très belle épreuve avec marge.

650. Différentes études de figures et de paysages. Dix-huit pièces tirées sur quinze feuilles, gravées par F. Boucher. Très belles épreuves avec toutes leurs marges.

651. L'Hyver. — Le Sommeil dangereux. — Repas de campagne. — Qu'ay-je fait assassins maudits. Quatre pièces gravées par J. Audran, Liotard, Desplaces et Joullain. Très belles épreuves avec marges.

652. Le Colin-Maillard. — Le Repas de campagne. — Ant. de La Roque. — Sainte-Famille. — L'Amour mal accompagné. Cinq pièces gravées par Desplaces, Lépicié et Dupin. Très belles épreuves avec marges.

653. Le Faune. — Bacchus. — Planches du Paravent en six feuilles, etc. Huit arabesques en hauteur. Belles épreuves.

654. — La peinture. — La Marmotte. — Le Qu'en dira-t-on. — Le Marodeur. — La Vivandière. — Bon voyage. — Dessins de Boîtes. Dix-huit pièces. Belles épreuves.

WHITE (R.).

655. Le Prince Jacques, Duc d'Albany. In-fol. Très belle épreuve. Rare.

WILLE (J.-G.).

656. La Tante de G. Dow, d'après G. Dow. Très belle épreuve avant toutes lettres. Grande marge.

657. La Tante de G. Dow. — L'Observateur distrait. — Le Petit Physicien. — La Mort de Marc Antoine. — L'Instruction paternelle. Dix pièces gravées, la plupart d'après les Maîtres de l'École Hollandaise. Belles épreuves.

WILLE fils (D'après P.-A.).

658. Les Délices maternelles. — Les Soins maternels. Deux pièces, faisant pendants, gravées par J.-G. Wille. Anciennes et très belles épreuves.

659. La Galante à désirs. — Retour heureux. — Le Baiser innocent. Trois pièces gravées par H. L. Très belles épreuves, les deux premières sont à toutes marges. Rares.

660. La nouvelle affligeante. — Tom Jones. Deux pièces gravées par Cathelin et Ingouf. Très belles épreuves.

WILSON et POLLARD (Publié par J.).

661. *Slow reflection.* — *The amouroso.* Deux jolies pièces à costumes, gravées à la manière noire. Très belles épreuves.

VIVARES (A Londres, chez).

662. La pudeur alarmée. Très belle épreuve imprimée en couleur. Marge.

ZOFFANY (D'après).

663. The Royal academy of arts... 1768. Grande estampe en largeur, gravée à la manière noire, par R. Earlom. Très belle épreuve coloriée, accompagnée du trait explicatif donnant les noms des personnages.

664. Sous ce numéro seront vendus quelques lots d'Estampes anciennes et modernes.

665. Un nombre considérable de très bon cartons.

SUPPLÉMENT

AVRIL (J.).

666. Catherine II voyageant dans ses États en 1787, d'après de Meys. Très belle épreuve avant la lettre, une déchirure dans la partie supérieure de l'estampe.

COSTUMES.

667. Costumes et vues russes. Quarante pièces intéressantes comme costumes et scènes de mœurs populaires, dessinées par E. Karnejeff. Très belles épreuves en couleur. Toutes marges.

INCROYABLES (Pièces sur les).

668. Georges se dépite et signe enfin la paix générale, pièce anonyme publiée chez Depeuille.

LAUTÉ.

669. *Catherine II*, Impératrice de Russie, en buste, couronnée, devant elle le portrait de son fils, depuis Paul Ier. In-f°. Très belle épreuve.

MOREAU (J.-M.).

670. Ouverture des États généraux à Versailles le 5 mai 1789. — Constitution de l'Assemblée nationale et serment des députés qui la composent, à Versailles, le 17 juin 1789. — Deux pièces faisant pendants (E. B. 205). Superbes épreuves, la première pièce est avant toutes lettres, seulement le nom de Moreau tracé à la pointe ; la seconde est avec le titre, sans aucune autre lettre. Rares.

NAPOLÉON (Pièces sur).

671. Passage du Pont de Lodi, le 21 floréal an IV. Très belle épreuve avant la lettre. Rare.

672. Bataille des Pyramides. — Bataille de Marengo. — Bataille d'Austerlitz. — Bataille de Wagram. Quatre grandes pièces en largeur, gravées à l'aqua-tinta et publiées chez Gallé. Très belles épreuves coloriées avec beaucoup de soin.

673. Bataille de la Moskowa. — Bataille de Waterloo. — Portrait de Cambronne. Trois curieuses images sur bois publiées chez Pellerin à Épinal. Épreuves coloriées.

674. Journée du Champ de Mai, année 1815, par Girardet. Deux épreuves, dont l'une très rare est à l'état d'eau-forte.

675. Bataille de Rivoli. — Passage du Danube. — Délivrance de S. M. le roi d'Espagne. — Bataille de Navarin. — Napoléon à Sainte-Hélène. Montagnes de glace sur la Neva, etc. Sept pièces. Belles épreuves, plusieurs sont coloriées.

676. Je ne peins que l'histoire (Wellington chez le peintre David). Grande pièce en largeur gravée à l'aqua-tinta. Très belle épreuve coloriée.

RÉVOLUTION (Pièces sur la).

677. Les principales journées de la Révolution. Suite de douze estampes gravées par Helman, d'après les dessins de Monnet, plus le tableau descriptif de ces estampes. Superbes épreuves avec marges. Très rares de cette qualité.

678. Serment du Jeu de Paume. — Journée du 13 vendémiaire, an IV. Deux pièces gravées par Helman, d'après Monnet. Très belles épreuves, la première pièce est avec les armes et le premier texte, lesquels furent enlevés par la suite.

679. Assemblée nationale : Don patriotique fait par les Dames artistes le 7 septembre 1789. — Le 14 juillet 1790 : fédération des Français. Deux pièces faisant pendants, gravées par Ponce d'après Borel et Monnier. Très belles épreuves.

680. Vue des travaux du Champ de Mars, par les Parisiens, l'an Ier de la Liberté, le 14 juillet 1790. — Confédération des Français à Paris, l'an 2e de la liberté, le 14 juillet 1790. Deux pièces intéressantes gravées à la manière du lavis. Très belles épreuves.

681. La mort du Patriote Marat. Jolie pièce in-4°, en hauteur, avec une légende et quatre couplets dans la marge inférieure. Très belle épreuve imprimée en couleur. Rare.

682. Et bien J. F., diras-tu encore vive la noblesse? — Information des Journées des 5 et 6 octobre 1789. — Le triom-

phe de la République, grande pièce en hauteur, gravée par Alix. — Tableau des papiers monnaies, assignats, etc. Dix pièces. Belles épreuves, trois sont en couleur.

VERNET (D'après H.).

683. Étude de cheval russe, gravée par Jazet. Très belle épreuve coloriée. Grande marge.

VUES.

684. Vues de Russie, de Saint-Pétersbourg et des résidences impériales, Tsarkoe-Selo, Peterhof, etc., costumes des différentes provinces Russes. Suite de vingt planches très intéressantes, gravées par Née, d'après le chevalier de Lespinasse. Très belles épreuves avec toutes leurs marges.

685. Vues d'Italie, d'Égypte et d'Orient. Soixante-cinq pièces dessinées par Mayer et publiées à Londres en 1802, par Boyvier. Très belles épreuves en couleur.

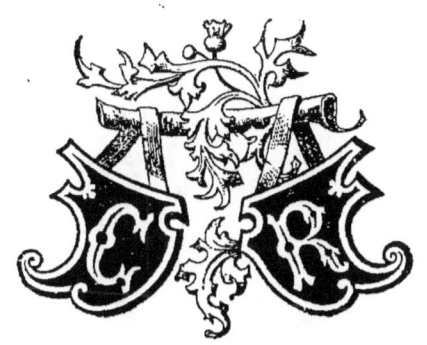

www.ingramcontent.com/pod-product-compliance
Lightning Source LLC
Chambersburg PA
CBHW070315230526
45470CB00002B/895